無障礙旅遊

跟著輪椅導遊玩台灣

黃欣儀——著

黃欣儀
2019.01.15

WINDOW
03

無障礙旅遊——跟著輪椅導遊玩台灣
Accessible Tourism in Taiwan

作　　者　黃欣儀
採訪整理　李晏甄
照片提供　黃欣儀、黃政宇
責任編輯　李晏甄
行銷企劃　許家旗
美術設計　丸同連合 studio
印　　刷　漢藝有限公司

初版一刷　2018 年 12 月
定　　價　400 元
ISBN　978-986-95945-7-8

出 版 者　游擊文化股份有限公司
網　　站　https://guerrillalibratory.wordpress.com
臉　　書　https://www.facebook.com/guerrillapublishing2014
電　　郵　guerrilla.service@gmail.com

總 經 銷　前衛出版社 & 草根出版公司
地　　址　104 臺北市中山區農安街 153 號 4 樓之 3
電　　話　(02) 2586-5708
傳　　真　(02) 2586-3758

無障礙旅遊：跟著輪椅導遊玩台灣 / 黃欣儀著 .
-- 初版 . -- 臺北市：游擊文化，2018.12
240 面；16.8*22 公分 . --（Window ; 3）

ISBN 978-986-95945-7-8（平裝）
1. 臺灣遊記
733.69　　107019295

目次

是旅遊書，也是勵志小品

周永暉（交通部觀光局局長）

無障礙旅遊是交通部觀光局持續推動的重點工作，而導遊的工作是帶給人們幸福體驗，以及遊客到達旅遊目的地後，介紹天文地理的好朋友。欣聞有心同業人士撰書成冊，以跟著輪椅導遊玩台灣為題，不過看完內容，才發現不僅是本旅遊書，也是一本勵志小品。對於觀光產業或公部門來說，也正可從最實在的視角，來觀察提供改善無障礙旅遊環境的建議。

黃欣儀小姐有著樂觀積極的服務熱忱，過去曾遭遇二度癱瘓的重大打擊，必須依靠輪椅行動，但沒有因此頹廢喪志，當她發現旅遊可以讓無味的復健療程變得有趣，也可以釋放壓力時，便激勵自己旅遊，進而考取導遊及領隊，成為全國首位身障華語導遊。她以專業的智能，親自體驗及規劃無障礙旅遊路線，讓更多行動不便的朋友，走向戶外，探索世界、拓展視野，實在不容易。她克服自身行動的不便，以感同身受的態度及行動，發心服務更多行動不便旅客，這其實就是作為導遊領隊或是從事觀光旅遊服務工作最可貴的特質。

旅遊本身就是一種療癒人心的天然處方，可以藉此讓身心開朗，但對行動不便的朋友來說，大自然空間的環境反而可能是讓他們畏懼出遊的原因。這幾年台灣在發展無障礙旅遊環境已有進步，交通部觀光局也一直致力於國家風景特定區通用化旅遊環境的建置，本書提及的東北角暨宜蘭海岸國家風景區，即為本局東北角管理處所轄，同仁們建置無障礙木棧道，就是希望讓輪椅族或樂齡族不再只是遠眺而能夠穿梭在沙雕作品之間，享受海灣旅遊樂趣的案例。另為鼓勵行動不便者走出戶外、閱讀台灣風景，建置無障礙自行車道，讓輪椅族及樂齡族透過手搖車旅遊方式，也能完成環島夢想。要完善無障礙旅遊環境，從停車場、景觀台、沙灘區、戲水池、無障礙步道與廁所，每個配套環節都必須考慮使用者的狀況，否則就無法達到友善旅遊的標準，相信只要大家堅持做下去，就能夠提供令人安心與放心的旅遊環境。

作者欣儀的故事鼓勵大家跨越障礙、圓夢無礙，不要屈服於生命中出現的困難，勇敢堅持地面對它，不畏懼別人的眼光，大步跨出自己想要走的路，在人生道路中，縱有阻擋在眼前的高牆，只要一一繞過它，就算花了些時間，但努力過後，看到的永遠是人生最美的風景。

現身就能帶來改變

許朝富（行無礙資源推廣協會總幹事）

這本書記錄了欣儀從事輪椅導遊的心路歷程、規劃無障礙旅遊團的經驗，還提供她多年來累積的旅遊景點資訊。欣儀的現身不僅能鼓舞其他身障者，她所分享的無障礙資訊，也對整體社會環境的改變大有幫助。我認為身障者的一項義務，就是去檢驗無障礙環境，並將這些資訊分享出來，如同書中提到的，只要通過我們身障者考驗的設施，對其他人說，就更方便了。我認為正是因為我們擁有這樣的身分，因此有責任也必須促使社會的環境變得更好。

行無礙協會自二〇〇六年開始，就舉辦了不少戶外活動，我們採用無障礙巴士、也會先找好廁所，遊程也特別安排，目的是希望讓大家知道出來玩，並不如想像中困難。長期辦理活動下來，我們發現，比起國際身障者日這種像是大拜拜的活動，日常的旅遊活動，反而較能帶來後續的效應。當人們感受到旅遊的氛圍之後，就會跟同儕交流，將他的旅遊經驗，傳遞給下一個人。這跟政府單位常常以口號的方式，鼓勵大家出來玩，非常不一樣，這是參加者親身體驗之後的自發性行為，感染力強多了。不過我們也發現，就算我們頻繁舉辦活動，一年最多能帶出去玩的人，還是僅有一千餘人，相當有限，但是如果能有十個不同的單位、旅行社或個人，可以帶人出去玩，這樣不僅有更多身障者可以出來玩，同時大家擁有的選擇也會變多。不管是生活或旅遊，我們都期待身障者能有更多選擇，當他想去阿里山、日月潭，他可以選擇開車自己去、跟團，或搭乘大眾運輸，我們在推廣無障礙觀念最核心的主張，就是讓選擇權回到身障者身上。

當越來越多身障者出遊，公部門及民間業者就會注意到身障者的需求，而台灣整體的無障礙環境就可以變得更好。當年內洞的無障礙步道就是在身障者不斷出遊，加上各方不斷現身反映，才得以促成。這當中最令人鼓舞的，不是環境的改變，而是人心的改變。起初林務局的工作人員認為，內洞國家森林遊樂區是有坡度的戶外場地，怎麼可能做無障礙步道？但在不斷溝通之下，他們不僅改變了想法，還積極思考要怎麼規劃，才能符合身障者的需求。最後他們花了三年，規劃出台灣第一條最親近森林瀑布的無障礙步道。令人感動的是，這樣的想法並未因為工程完成就停止，在那之後，他們仍持續推動改善其他地方的無障礙設施。

這些改變是許許多多身障者的現身帶來的，這也是我認為現身分享很重要的原因，因為每個人都有影響力。欣儀時常在臉書分享旅遊經驗，也是很棒的做法，當大家看到她的照片與影片，就會覺得她可以去，那我去那裡，應該也沒問題。光是分享就能幫助到許許多多不同的人，同時也可能對社會產生質變，這就是集體的力量。你的出現，本身就能對社會帶來改變。

以同理心，營造自然新體驗

廖一光（行政院農業委員會林務局副局長）

台灣的森林具有豐富的景觀及生態多樣性，體驗自然是最受國人喜愛的旅遊方式，然而行動不便者想要體驗自然，卻往往只能遠距離欣賞，而難以貼近享受擁抱真實的感動。

與欣儀第一次接觸，是二〇一三年我擔任林務局嘉義林區管理處處長期間，當時她帶領許多身障朋友遊賞阿里山國家森林遊樂區。在她以及身障朋友的關心，並提供寶貴建議下，我們將阿里山森林遊樂區各項遊憩設施及經營管理方式，積極納入無障礙或通用設計理念。從遊憩動線步道、服務場館、餐飲住宿、公廁、停車位等點狀設施的改善做起，逐步縫合串連出四條無障礙遊園動線，同時放寬身障朋友自行駕車遊園之管制；另外，阿里山森林鐵路亦改裝九輛無障礙車廂投入營運，大幅改善行動不便遊客通行阿里山國家森林遊樂區的便利性。

依據國家發展委員會估算，我國已於二〇一八年轉為高齡化社會，並將於二〇二六年邁入超高齡社會，屆時六十五歲以上長者，人口比率將逾二十％，這意謂著行動不便，將是你我在內所有人，都可能經歷的生命歷程。期盼各公私部門均能秉持同理心，從多一點體貼做起，台灣的戶外遊憩可以持續貼近多元使用者的需求，也期待在本書的鼓勵下，有更多朋友可以跨越距離及不便，真實地擁抱台灣山林之美。

來趟全家人的無障礙友善小旅行吧！

林崇偉（众社會企業創辦人）
（交通大學建築研究所教授）

黃欣儀這本新書，不僅動人心弦，更好看實用！

為什麼？過去每當大家談到「無障礙」，總覺得這就是「那些身心障礙者的事」，但實際上隨著台灣在二〇一八年四月正式進入六十五歲人口佔總人口數十四％的高齡社會，現在正開始蓬勃發展的，就是「全家人的出遊」，這裡指的不僅是行動不便的老人家、身心障礙朋友，更包括青年、中年、還有正值壯年，雖然已經從職場退休，卻肩負起照顧上一代日漸年邁而行動不便老人家的責任，心裡渴望著在週間假日，一起全家出遊，享受家庭幸福時光的這一群人。

其實，比我們更早進入高齡社會的歐美日等國，從二〇〇〇年起，就開始發展這個市場，而台灣近年來在各中央部會和地方政府合作下，從無障礙友善環境的營造、各種貼心服務的設計，發展各種獨特旅遊主題和遊憩體驗，也就是我們終於體認到：如果，照顧的人（就是你跟我），能夠透過旅遊好好「喘口氣」；被照顧的（就是老的小的）也可以「出來透透氣」，唯有這樣，大家才能「真正鬆一口氣」，日子，也才有能夠繼續幸福過下去的力量。

從這個角度來看，欣儀這本書不僅勵志，更是一本老少咸宜非常實用的工具書。她用自己親身走訪、帶團旅遊，鉅細靡遺記錄了每個無障礙友善小旅行的特色，更規劃每一項體貼全家人旅遊小細節的設計，結合各種不同的體驗和產業，讓我們看到，原來，全家人真的能一起享受一趟友善小旅行，原來，台灣真有這麼多友善好行的地方，更讓我們感受到，原來，我們還有好多想去但還沒去的地方呢。

所以，拿著這本書，加她的臉書，有問題就問，說走就走，我們一起來趟全家人的無障礙友善小旅行吧！

各方推薦

無障礙旅遊不該只靠個人勇氣，而需要政府與民間的共同集氣，一同改善環境與提供適合的服務。不管你是要自己或是帶著長輩遊台灣，或是想要經營無障礙旅遊的景點、餐廳、住宿業者，這本書介紹了許多小秘技，無障礙旅遊從現在就開始！

——中華民國身心障礙聯盟

第一次見到身兼多職多才多藝的欣儀，是邀請她擔任內政部建築研究所友善建築頒獎典禮的主持人，她的口齒清晰、口條清楚，成功主持了那次頒獎活動。爾後與欣儀長期合作，進而更加了解她的不容易，從行動自如到行動不便，她不僅走出來了，更進一步想要協助其他行動不便的朋友與她一樣四處趴趴走，欣賞台灣的好山好水與各地的美食。

政府非常重視無障礙環境的改善，民間對此議題也相當關注，你關心提出需求建議，他（政府或民間）就進行改善，持續的正向循環能讓我們國人享受更友善的環境，讓我們大家一起繼續努力，加油！

——李明澔（財團法人台灣建築中心主任工程師）

印象裡的欣儀總是笑嘻嘻的，是個陽光燦爛的小女孩。第一次與她相遇，是在她家附近的人行道上，當時她任職於台北市脊髓損傷者協會，見面就向我投訴那附近的無障礙環境有多糟，人行道上的變電箱、電桿讓她必須繞道而行或在馬路上與車爭道，要我幫忙跟相關單位反映，並且建議如何改善。當下我就覺得這個小姑娘有著熱心公益和願意與人分享的特質，將來在社會上必定有所作為。果真不出我所料，她要出書了，是一本鼓勵障礙者外出的旅遊書，用她那麼不方便的身軀、歷經萬難呈現出來的無障礙旅遊指南，讓人非常佩服。本書的特色，如同她在書裡說的：「與其自己克服困難，不如請求相關單位改善，反映就有改變的機會。」因為她總是用愛與正向的態度去面對困境，願意以良善的心與人溝通，而不是用責怪的手段來解決問題，最終才得以讓很多困難獲得改善。期待欣儀能繼續分享旅遊經驗，讓行動不便的朋友能跟隨她的腳步任意遨遊。

——劉金鐘（中華民國脊髓損傷者聯合會理事長）

在我行醫三十年生涯中，欣儀是最值得我寫序的病人。上帝讓她歷經最悲慘的人生試煉，幸好在媽媽無微不至的陪伴照顧及欣儀堅定的基督信仰之下，她通過了上帝給予令人鼻酸的人生試煉。願她能繼續帶著牽絆她的輪椅，開心地環遊世界，也能以旅遊行動告訴台灣各地甚至全世界，殘障的軀體，牽絆的輪椅也能活出快樂的生活。

——梁統華（台北市立聯合醫院過敏免疫風濕科主任）

每次遇見欣儀回診時，不像其他患者的困惑與憂容，印象中她總是帶著淺淺的笑容，但這並不意謂著她的身體與心靈沒有承受比其他狼瘡患者更嚴重的病痛！本書描述的就是透過復健，開啟了她成為一位專業導遊的歷程，箇中酸甜苦辣盡在不言中；在漫長的抗病路程，除了配合醫師小心監測病程與調整藥物外，在生活上，她也能做到時刻保持樂觀的心理與病魔對抗，這真的相當不容易，因為心理的壓力對免疫系統是有極大殺傷力的。本書除了導引輪椅病友走出家門外，也是我們一般人實踐「一步一腳印」的探索地圖，走吧！讓我們跟隨欣儀的腳步出發！

——陳政宏（台北慈濟醫院免疫科主任）

認識欣儀時，就覺得她是一位與眾不同的女孩，有著開朗的笑容與充滿熱情的心。同為輪椅朋友的她，更能知道外出是一件多麼困難的事情，所以更能藉由自己的不便，活動前的場勘與反映，讓旅程撇去擔心，只剩大家愉快的笑聲及美好的回憶。無障礙環境非一蹴可幾，需要經過不斷抗爭與反映，感謝台灣有像欣儀一樣熱心付出的朋友，才能在改進再改進的當下，成就了許多景點，讓更多不方便出門甚至害怕出門的朋友能放下心中的罣礙，快快樂樂出門、平平安安回家。

——梁銘勳（台北市脊髓損傷者協會理事長）

欣儀「愛旅遊」在社群網路是人盡皆知的事。第一個用沙灘椅泡溫泉、用沙灘椅到海邊戲水，這些活動都令人對她感到佩服；每到一處，如餐廳、飯店，遇到有無障礙環境設計上的問題，均會與業者溝通，期待下次再到時可以改善，我們也真的看到不少業者因欣儀的建議而改善。有很多次帶身障朋友出遊經驗的欣儀，總會多方設想，評估什麼是最經濟又好玩的方法，花蓮六十石山的金針花一日遊就是這樣用心的設計出來，相信背後所做的功課及付出是很難令人想像的。

——張錦錦（伊甸社會福利基金會無障礙旅遊推廣企劃專員）

我是真的從頭到尾讀完了這本書，而且從一開始就停不下來。所有的文字描述都讓我感覺像是欣儀帶著我出去玩一樣，我跟過欣儀帶的團，知道她對安全有多在乎，對行程有多細心，對團員感受有多重視。欣儀安排的旅遊已經不只是為了輪椅朋友，而是可以讓全家老少歡樂在一起。若真的是因為行動不便而久未出門的家庭，我非常建議您可以和家人一起閱讀這本書。我相信欣儀出書並不是要大家給她一個無敵女勇者的喝采，而是她要讓大家明白輪椅朋友要出門旅遊真的不困難，請放心讓自己，或是放心讓家人，跟著她張開雙手一起擁抱多彩的人生。

——許佐夫（多扶旅行社執行長）

自序

從沒想過自己會當導遊，更沒想過會出書，而這一切竟然都發生在我坐上輪椅之後。

二十七歲時，我受到紅斑性狼瘡的攻擊，導致腦出血中風，雖然一年多就恢復行走能力，但隨即又因感冒引起橫斷性脊隨炎，造成兩下肢無力，需要仰賴輪椅代步。正值青春年華的我面對這突如其來的遭遇，十分痛苦，常常想要一死了之，並且陷於因做錯事而生病的自我控告之中。我的生活被層層烏雲籠罩，看不見任何一道光，但就在失去希望時，基督信仰帶來了轉機，讓我將負面思考轉為正面的盼望。

重新看待自我的價值之後，我認真復健與面對生活。為了讓自己更有動力復健，我實驗了「旅遊復健」的模式，開著改裝車到各地遊玩。幾年下來，我發現坐輪椅出去玩，並沒有那麼困難，便立志把方便輪椅遊玩的景點記錄下來和大家分享，成立了「輪椅任我行」部落格。

每當自己出遊時，總會想到身障朋友如何也能一同出遊？最初我是開著小March，一次只能載一位朋友出遊，後來在台北市脊髓損傷者協會擔任常務理事辦活動，發現用遊覽車可以讓更多朋友一同出遊，這開啟了我考導遊的念頭，希望藉此推廣無障礙旅遊。

順利考上領隊導遊後，卻發現旅行社對於輪椅旅遊大多避而遠之，覺得吃力不討好、沒有利潤而不願意推廣。因此我便和好友相邀出遊，把這幾年來心目中最好的行程實際執行後，整理下來，以作為旅遊業者規劃輪椅旅遊的參考，也提供國內外銀髮旅遊、輪椅好友相邀出遊的路線選擇。

曾有香港出版社邀請我出書，但由於一直撥不出時間，遲遲沒有動筆，直到二〇一六年八月認識了張獻忠先生，當時和他合作六十石山活動，聽我提起出書一事，就介紹我認識游擊文化的編輯，很開心的是，編輯晏甄可以在我口述後代為執筆，於是此書就這麼開始了。一切的一切，似乎就照著上帝的時間表一步一步前進，聖經說「我們曉得萬事都互相效力，叫愛神的人得益處」，就是如此吧！

我希望這本書能鼓舞輪椅朋友出去走走，看看不同的世界，讓人生有更多經驗值，不要覺得自己坐輪椅就無法旅遊了。要實現旅遊並不難，只要踏出第一步，你就會愛上它。在人生終了，你會想起你曾經去過很多地方，遇見很多人，有很多不同的體驗。

透過這本書，我也希望各界能了解輪椅族的旅遊需求，期待有更多業者投入，成為無障礙旅遊的供應商。當台灣有更多人願意投入這一塊，不僅可以服務國內的銀髮族與身障者，也能迎接世界各地的身障人士來台灣旅遊，相信這些經驗也能運用到世界各地，造福更多元的使用者。

這一路走來，感謝父母在經濟上的協助，讓我可以做自己想做的事；感謝看護阿玲陪伴我十年多，和我東奔西跑，成為我得力的助手；感謝吉象旅行社許玲棋董事長、天海旅行社邱嶼副總、多扶旅行社許佐夫執行長、日本JTB台灣世帝喜旅行社許郁琳的支持與協助，讓我在旅遊工作上能盡情發揮。

還要感謝參加行程的老朋友、新朋友，你們的參與是加速台灣環境更加友善的動力；感謝我的朋友導遊前輩賴導延昌、大學同學美雪、教會弟兄嘉良，在我需要志工時你們的撥空出錢出力協助；也謝謝行程中幫助我們的業者與相關單位，尤其為我們開車操作升降機辛苦的司機們，世豪的阿松、多扶的宥賢、志遠，沒有大家的同心協力，如何有今日的成果。另外也感謝游擊文化認同無障礙旅遊議題，願意出版此書，更感謝編輯晏甄兩年多來的陪伴和整理書稿。

我想將此書獻給所有參與過的你和我，願此書能幫助更多人認識無障礙旅遊，讓台灣環境早日更加友善，成為國際中的無障礙島。最後要將一切榮耀歸於神，祂是我向前進的力量與信心依靠的來源！

PART
01
生命故事篇

一場意外，開啟了我的旅遊人生

CHAPTER 1

人生的分隔線

二十七歲，是我人生的分隔線。

在這之前，我四肢健全、體態優美，卻不喜歡自己，也缺乏自信，很少外出旅遊，也不是那種熱心服務的人。

二十七歲以後，因為紅斑性狼瘡，我坐上輪椅，人生陷入谷底，婚姻隨之崩解，不過卻意外開啟旅遊人生，當起了大小事都要非常雞婆的導遊。

我出生於台北，在家中排行老大，國小時，是個快樂的孩子，因為那個階段大家不會比較成績，我的身體也很健康，但升上國中之後，隨著功課壓力越來越大，我變得越來越不快樂，每逢考試，身體更是頻頻出毛病，手肘、手腕莫名疼痛，無法穿脫衣服，連刷牙都有困難，半夜也時常疼痛到醒來，痛到恨不得把手剁掉算了。

去看中醫時，醫生說是風濕因子太高的關節炎，拿了一瓶藥丸給我。我吃了之後，覺得肚子很痛，就不再服用了，隨後就讓反覆的疼痛成為習慣。到了高中，又出現新的症狀，手指一碰到水便發紫，同學因此嘲笑我有殭屍手。那時的我，並不清楚這些症狀發生的原因，也沒想過去大醫院檢查，只記得自己常常躲在棉被裡哭泣。

在升學壓力與身體不佳的雙重壓力之下，我漸漸失去了笑容，加上妹妹很優秀，更讓我沒自信。妹妹從小學到高中都是第一名畢業，大學也考上台大，畢業後到法國美國留學，之後就待在美國工作，完全是典型的人生勝利組。相較之下，我的成績總是吊車尾，雖然也認真努力念書，但就是沒辦法像妹妹那樣名列前茅。在家中排行老大，也讓我備感壓力，父母對我期待頗高，他們會說：「妳是姊姊，怎麼會輸妹妹？」聽到這些話，我對自己更不滿意，也更沒自信了。有時接到長輩的電話，他們會問：「妳是念台大的那個女兒嗎？」當我回答「不是」時，彷彿不斷提醒著我：「我，不如妹妹，我，不是讓父母感到驕傲的孩子。」這個陰影從小就烙印在我身上，使我一直無法肯定自己。

功課一路吊車尾的我，大學聯考也吊車尾考上了後段的私立大學，雖然那個年代大學錄取率很低，能考上大學已經算不錯了，而且我也沒有重考，但跟妹妹比較起來，仍然顯得遜色。

由於在家中不受肯定，一上大學，我便急著在外面尋找寄託。大一遇見初戀情人，就把重心完全放在愛情，藉此轉移家中的不愉快。我和初戀男友交往很順利，大學四年都在一起，沒有分手，我不做他想，直接認定他是我未來的結婚對象，希望及早共組家庭。

我努力朝著這個目標前進，大學畢業工作沒幾年，二十六歲就與初戀男友結婚，也從台北搬到新竹，與他展開新生活。我們計畫著，等到兩人的工作漸漸穩定，我們就可以在新竹買房子、生兒育女、成家立業。我會像一般人一樣，擁有自己的家庭，當個媽媽，煮菜燒飯給孩子吃，看著孩子一天一天長大。

年輕的我，對人生的夢想很平凡，也很簡單，相信只要按部就班，這些願望都會逐一實現。無奈的是，正當一切要起步時，老天爺卻對我開了一個超大的玩笑，徹底推翻所有計畫，讓我瞬間夢碎。

在美國陷入昏迷

那時我才剛結婚一年，農曆過年與先生回南部婆家時，牙齒突然血流不止，血小板指數降到五千，我趕緊到醫院掛急診。過年期間，比較有經驗的醫生都休假了，幫我看病的醫生雖然要求住院，但懵懂不知的我，提出回北部再住院的請求，醫生竟然同意了。後來才知道，血小板指數只要降到二萬以下就有危險，出現紫斑點時，更加嚴重，可能會血流不止或昏倒。可是當我回到北部再到醫院檢查時，血小板已恢復正常，我以為沒事了，詢問醫生我的身體狀況是否可以跟先生一起到美國，醫生也覺得沒問題。

醫療知識不足的我，不僅搭了長程飛機，到了美國，還去玩雲霄飛車。有一天，我在旅館的洗衣間，突然四肢無力，沒有力氣走回房間，只好請飯店人員協助攙扶。回到房間，我躺在床上休息了一段時間，起身要去洗手間時，突然癱倒在馬桶旁，接著就陷入昏迷。我完全不知道發生什麼事，直到清醒過來，家人才說我情況相當危急，差點救不回來，而我這也才知道，血小板過低不能凝血的我，就這樣中風了。

以前因為帶狀泡疹去看醫生時，醫生說我可能有免疫系統問題，要住院檢查，但我沒去；牙齒流血時，牙醫提醒我可能會中風，要多加留意，最好去大醫院檢查，我還是沒去。醫生的這些提醒，我絲毫不以為意，心想我這麼年輕，怎麼可能會中風？所以這次生病，也沒有意識到其中的嚴重性。

現在回想起來，其實身體早就已經有許多警訊了，在跌倒之前，我發現腳上有紫斑點，卻以為是先生毆打我留下的瘀青。出國前，我和先生大吵一架，身為維修工程師的他，憤怒地對我說：「機器都修得好了，人怎麼會修理不好？」接著竟動手打我，我整個心都碎了。雙方冷戰了好一陣子，我一度猶豫是否還要去美國。後來他道歉了，我也覺得夫妻之間就是床頭吵床尾和，最後還是跟著出國了。沒想到這場爭吵的後遺症，卻是讓我沒有警覺到身上的紫斑點是疾病的徵兆，誤以為是毆打的痕跡。

一切彷彿命中注定，在那段期間，有好幾個環節都出了差錯：夫妻爭吵讓我的心理受打擊、血小板不穩定卻還出國、在美國又搭乘雲霄飛車、隨後又將紫斑點誤認為瘀青。一個接著一個的疏忽，最終讓我踏上中風這條路。

二十七歲的我中風了

在美國住院時，我首度被確診患有紅斑性狼瘡，當時血小板被攻擊到只剩下三千，右腦微血管出血，左半身嚴重癱瘓，手指完全無法打開，左手無法伸直，左腳完全動彈不得，要有人踢我，才會微微動一下。

二十七歲的我，就這樣中風了，從一個手腳健全的年輕人，變成整日躺在病床上、隨時都需要別人幫助的「病人」。

從前，我總以為世界上沒有什麼大不了的疾病，遇到嚴重的狀況，只要開刀就會好。直到自己遭遇癱瘓，才知道有些疾病開刀也沒用；以前也總以為中風是老人家的事，與我無關，可是未滿三十歲的我，竟然中風了。

一開始，我完全無法接受，為什麼短短一瞬間，手腳都不聽使喚了？就在不久前，我還能走、能跑、能跳，可是現在卻連站都站不起來，想要伸手拿一杯水都做不到，這是真的嗎？我多希望這只是一場夢。可是每天醒來，現實卻不斷打擊著我，我拚了命希望手腳能動一動，它們就是不甩我。

我還年輕，人生正要開始，好不容易完成學業，可以開始工作養家、對他人付出，怎麼會變成需要別人照顧，事事需要依賴他人？那時我剛踏入社會，還在摸索自己適合什麼工作，但是這場噩耗，粉碎了一切，過去曾有的各種夢想，都變成泡影了。

癱瘓之前的人生，我雖然功課不好，尚且覺得自己打扮起來、穿起高跟鞋，也是個風姿綽約的女人，這是我唯一肯定自己的地方。然而，此時此刻，這唯一的自信也被擊垮了，我不能走路，遑論穿高跟鞋。

二十七歲的我，生命失去了盼望，日子變得難熬，一想到要面對明天、面對未來，心底無比沉重，每一天都度日如年。好想逃離這個世界，好希望一切都是假的，我天天以淚洗面，時常想著不如死一死算了，反正我本來就沒有什麼優點，現在更覺得活著毫無意義，只會拖累別人。但是，自殺談何容易，自殺也需要勇氣，雖然心中浮現過各種自殺方法，也曾想過從醫院頂樓一躍而下，但每每這些念頭出現時，似乎都會被發現，像是被護理人員攔住，問我要去哪裡，我的那一念就被擋了下來。

不知所措的我，不斷詢問復健老師：「我會不會好？」老師無法給我肯定的答案，只說每個人的情況都不一樣，有人會好，有人不會好。得不到答案的我，也只能咬牙復健，但又不確定是否有用，心裡非常煎熬。

每個人原先都是從小嬰兒慢慢學會走路，那是一件很自然的事，但成年的我，卻因為疾病而必須重新學習走路。我無法接受，也覺得難堪，最令人焦慮的是：「我會不會一輩子好不了？」

身體癱瘓了，意志力也跟著癱瘓，我對未來感到恐懼，不知要如何生存在這個世界上。陪伴在旁的媽媽，勸我往好的方面看，不要負面思考，但我根本聽不下去。若可以的話，我也希望復原，但誰能保證我會康復？那些勸我正面思考的話，毫無安慰效果，反而令人刺耳，就連醫生也無法確定我可以恢復到什麼程度，憑什麼要我正面思考？

不想聽見外面的聲音

住院期間，同學與朋友都來看我，心疼我的遭遇，但他們也愛莫能助，原本就很容易鑽牛角尖的我，覺得自己徹底完蛋了，這世界上根本沒有人幫得了我，一切的一切，只能獨自面對，但我做得到嗎？我實在不相信自己撐得過去。

在陷入自我懷疑時，媽媽的同事前來探訪，跟我講述耶穌基督、為我禱告，但我覺得連醫生都救不了我了，你跟我講這些有什麼用？我腦中被「為什麼」這三個字籠罩，為什麼是我？為什麼這麼倒楣？我過去到底做錯什麼，何以今日必須承受這些？如果當初不要去美國就好了，如果沒有坐雲霄飛車就好了，如果早點去大醫院檢查就好了……。但是再多的如果都於事無補，因為事情已經發生，不可能逆轉。

身陷負面情緒的我，完全平靜不下來，我告訴媽媽的同事，我好討厭聽到醫院外面車水馬龍的聲音，一般人談天說話的聲音，也令我心煩，因為那讓我覺得自己跟外面的人處於不同世界，周遭的人都過著正常的生活，只有我被困在另一個世界，不能走路，只能坐輪椅。好想逃到一個沒有尋常聲音的世界，一個不會讓我覺得自己跟別人不一樣的世界。

媽媽的同事得知我的心情後，給了一張聖歌唱片，他說：「既然白天在病房感到煩悶，不妨聽聽音樂，看看心情會不會好一些。」我一開始只聽旋律，沒有注意歌詞寫了什麼，但聽著聽著，覺得還滿好聽的，便好奇起歌詞的內容。我注意到〈活出生命中的色彩〉

這首歌，裡面寫著「千萬人中，你是獨一無二的」，看到這句歌詞時，我突然會心一笑，覺得自己就是獨一無二的倒楣，從此開始跟耶穌對話。

我告訴耶穌，如果祢是真的神，請讓我在醫院遇見好的復健師。當我如此禱告時，真的遇到一個很好的復健師。他剛退伍，對這份工作充滿熱忱，很願意為病人付出，原本我的復健只有三十分鐘，他卻給了我一小時。他耐心地陪我練習，我因此進步神速。面對這樣的變化，心中不禁想著：「耶穌是否在幫助我？」當時還沒有真正認識耶穌，但時常就這樣跟耶穌對話，而生活中的許多事情也順利了起來，我整個人變得開心許多。

當身體狀況較好之後，我回到新竹休養，同時自行找了一家教會勝利堂，希望能受洗。那家教會的師母，建議受洗前先參加一些課程及小組，了解這個信仰。經過半年的課程，我真正了解耶穌基督，於二〇〇一年九月十六日受洗。

復健一年　穿回高跟鞋

為了儘快恢復正常生活，我拚了命地復健，到了晚上十二點都還在運動，看電視時，也叫自己不能坐著，要學習站著。為了復健手部，我甚至還去學習中國結與拼布，這樣才能訓練手部動作。

皇天不負苦心人，一年後，我穿回高跟鞋，不再需要拄枴杖，雖然身體仍受影響，無法恢復以前美好的姿態，但總算可以走路了。

能穿回高跟鞋這件事，對我意義重大。我好開心！

隨著身體好轉，我穩定參與教會活動，再度找回人生。我覺得這一切都是耶穌的幫助，因此開始思考可以為耶穌做什麼。如同聖經所言：「我們在一切患難中，他就安慰我們，叫我們能用神所賜的安慰去安慰那遭各樣患難的人。」（哥林多後書1：4）我在想神讓我行動不方便，甚至有一陣子必須坐輪椅，是否就是希望我去協助輪椅朋友？

為了讓自己有能力幫助他人，我報名了教會的輔導關懷課程，但也許是上課期間處於密閉空間，我出現了嚴重的感冒症狀，發燒不退。但醫生說只是一般的感冒，要我別擔心，可是半個月之後，我的四肢越來越無力，嚴重到需要別人餵我吃飯。緊急住院之後，起先是沒有力氣站起，接著是尿失禁。醫師判定為左腦血栓，原來我又中風了。但是這一次，我沒那麼害怕了，第一次的經驗讓我覺得這次也能度過難關，加上有信仰的支持，我不再選擇逃避，而是積極面對。

在醫生還沒要求復健的時候，我就急著復健，但一段時間之後，醫生看我進步緩慢，覺得非常不對勁，似乎不是腦血栓，檢查後才發現是橫斷性脊髓炎，但這已經是半年後的事了，我錯過了黃金治療期。若是發病時診斷正確，只要施打大量類固醇，就能解決病症，但，我就是錯過了。

我的人生再度陷入泥沼，當我開始要對上帝奉獻時，卻又發病了。這次復發不像第一次復原神速，直到現在復健了十幾年，進步還是有限。不過因為有了信仰，這一次，我不再負面以對，而是每天抱著聖經，閱讀詩篇、聆聽詩歌、禱告，相信神會幫助我。

比中風更大的打擊

雖然我有面對疾病的勇氣了，但卻遇上了婚姻的難關。

自從結婚，先生的家人就一直期待我們生小孩。第一次發病已經延遲生小孩的進度，好不容易復原，卻又再度發病。這一次，先生覺得生育一事遙遙無期，加上他又是獨子，為了對父母有所交代，無法再等待，他提出找小太太的想法，但我覺得這不是耶穌希望的事，所以並未答應。

過沒多久，一紙離婚協議書遞到我眼前，先生對我說：「我不能對不起爸媽，只好對不起妳。」

我最擔心的事情，終究還是發生了！

早在第一次發病時，就曾擔憂如果沒有康復，先生會離我而去，因此加倍努力地復健，也很幸運地復健成功。那時我以為一切都雨過天晴了，我又重新回到人生的正軌。未料僅隔一年，又再度遭逢厄運，即使我努力復健與禱告，但這次完全沒有挽回的餘地。我的身體，我的婚姻，都一去不復返了。當時我和丈夫同床時，只能背對背哭泣，別無他法，兩個人在一起很不快樂。我想了很久，歷經痛苦掙扎，最後決定放下初戀七年、結婚四年的感情。

二〇〇二年十一月十二日，三十歲的我，離婚了。

這對我打擊很大，我跟前夫並非感情失和離婚，而是因為這場疾病被迫分開。對我

一直夢想擁有一個家，這個
平凡的願望，卻在中途夢碎

來說，這是巨大的傷痛，我一直夢想擁有一個家，可是就連這麼平凡的願望，現在也無法實現了。我心裡非常難過，也相當無奈，覺得這段感情真禁不起考驗，也質疑世界上是否還有真愛。我的經歷並不像勵志故事那樣，在遭遇苦難時，另一半不離不棄。那種溫馨感人的畫面，並未出現在我的生命；相反的，當我病倒時，另一半選擇離開我。那種打擊比起身體的疼痛更痛一百倍，眼淚再多都不夠用。

好在時間可以止痛，經過一段時日，我告訴自己，只要記得美好的回憶就好了，這樣人生才能繼續往前走。

CHAPTER 2

為了讓復健好玩一點 我開始旅遊

離婚之後，我搬回台北與父母同住。家人擔心我骨質疏鬆嚴重，若不小心跌倒，很容易就骨折，因此為我請了看護在旁照料陪伴。很感謝父母的接納與安排，我才得以專心復健。

不過復健是一個既漫長又枯燥的過程，每天到醫院都重複相同的動作，日復一日，年復一年。例如練習爬樓梯時，復健教室永遠都是相同的三個階梯，我每天反反覆覆地爬著，一成不變；練習走路時，也是在醫院的復健室走來走去，風景始終如一。

這樣單調而重複的日子，幾乎快讓我的生活失去活力。有一天，腦中突然迸出一個想法：「何不試試到外面復健？」如果能到不一樣的景點復健，像是去看瀑布、看雲海，應該會讓自己更有動力多爬幾個階梯，因為只要爬上去，瀑布的美景，就是一大獎勵，這比醫院好玩多了。

記得復健老師曾期許我們，不要只在醫院復健，最好也能從日常生活中找到復健的方法，能自己做的，就不假手他人。老師不僅鼓勵我們練習做得到的事，也建議嘗試自以為做不到的事，看看自己的極限在哪裡。我一直把老師說的話，放在心裡，雖然不知道自己有多大的潛能，也不知道出外旅遊時，能爬幾個階梯、能走多遠的路，但我想試看看用美景來激勵自己超越侷限。

重新掌握人生方向盤

我剛坐上輪椅時，只要出門，交通工具就是一大考驗。當時雖然已經有捷運了，但低地板公車還不普及，要去醫院僅能仰賴復康巴士，不過由於看診的時間無法控制，有時門診等候時間較長，還沒輪到，復康巴士就來了，只好先回家，改天再去看診。若為了出遊預約復康巴士，也缺乏機動性，無法說走就走，極有可能錯過賞景最佳時機；有時一早起床發現天氣很好，很適合出外走走，但這時預約復康巴士，一定預約不到。

為了克服交通問題、實現自由旅行的夢想，我改裝了自己的第一部車——Hello Kitty March，這部車跟了我十年，陪我度過人生的大風大浪。還記得是在二十七歲那年，買下這台車，結果一月買車，三月就中風了。那是第一次中風，復健了一年多才康復。可是哪知道，隔了一年，再度發病，這次就沒那麼幸運了——脊髓炎讓我的雙腳無力，根本無法開車。初期我都透過復康巴士，往返醫院，但如同前述，叫車與預約復康巴士，都需要耗費較長時間等待，機動性不足，不能說走就走，因此我決定將車子改裝為一手操控油門與煞車，一手控制方向盤，再考一次路考。

考到駕照之後，終於又可以開著March到處玩了，我四處搜尋旅遊資訊，想著可以去哪裡玩，但並不確定哪些地方適合輪椅行走。不過，凡事沒有嘗試都不會有答案，反而可能因此自我侷限。

第一次出遊，我找了直立人（編按：輪椅族對於一般人的稱呼）朋友跟我一起去，以免有狀況需要協助，地點則選在擎天崗，因為那裡的步道有許多階梯，這樣就能一邊呼吸新鮮空氣、一邊爬階梯復健，這應該是全台所有醫院都沒有的設施吧！抵達擎天崗時，我依照計畫，沿著步道一階一階往上爬，真的比醫院有趣多了，可惜當時還沒有電動輪椅，爬不到大草原，但能脫離醫院，看看綠草與天空，就已心滿意足。

這次的旅程令我雀躍，原來只要去嘗試，就會發現實際的障礙並沒有想像中的大，就算坐上輪椅，仍然可以到處趴趴走。這次的出遊成功，也使我愛上了「旅遊復健」模式，回家後，迫不及待上網找資料，規劃下次的旅程。

玩了幾次之後，我漸漸覺得坐輪椅出去玩並不可怕，從此就跟看護兩人自行出遊。我還是會乖乖去醫院復健，但每當感覺煩悶，就會規劃旅遊行程，給予自己生活的動力，讓生活有些期待。

分享旅遊經驗　卻意外收到感謝

有一陣子復健頻率很高，三天兩頭跑醫院，心情好悶，身體也不見起色，於是便跟復健老師要求減少復健的時間，這樣才有時間出去走走。

有一天早上，我在電視新聞上看到宜蘭太平山出現霧淞的報導，也就是結晶在樹上的冰晶，好奇的我，立即關掉電視機，開車到太平山。抵達時，映入眼簾的一片片霧淞，令人讚嘆不已，山裡的清新氣息也把我在醫院的煩悶一掃而空。我感覺充滿朝氣，活力旺盛。下山經過鳩之澤溫泉還現場買了一套泳衣去泡溫泉，在一天之中能一下子在低溫的極凍世界，一會兒又是暖呼呼四十多度的世界，真是一趟美好的旅程。

出去看看風景，我的心情又變好了。旅遊對我來說真是一種很棒的復健方式，甚至是更適合我的復健方式。到現在我還記得第一次在戶外努力爬上樓梯看到瀑布，那時心中的悸動與成就感。透過「旅遊復健」的方式，我漸漸發現台灣很多地方都適合輪椅族遊玩，只是資訊不足，因此決定蒐集相關資料，分享給輪椅朋友。

我不只分享適合遊玩的景點，也分享不適合輪椅族的地點，因為有些地方雖然照片看起來風景優美，但實地勘查之後，卻發現處處是階梯，輪椅使用者只能遠觀而無法近看。為了避免大家白走一趟，我成立了「輪椅任我行」部落格，將這些資訊分享在網路上。

一些朋友看了我的部落格之後，留言跟我道謝，他們說因為我提供的資訊，使他們可以規劃無障礙旅遊，跟家人一起出遊。聽到這些回饋，我很開心，也很有成就感，原本只是為了讓復健好玩一點而出遊，想不到竟然能幫助他人。這時我才意識到生命中的意外，打碎了組成家庭的夢想，卻為我開啟了另一條路。

從小到大，從未想過要成為一個旅遊專家，更沒有想過是「輪椅旅遊」這種形式，卻不知不覺走上這條路。

擎天崗大草原（上圖）。太平山的霧淞（下圖）

CHAPTER

3

越玩越過癮的人生

重新掌握方向盤之後，我開著 March 到處跑，它代替我的雙腳，帶我去許多地方。回顧紀錄，從二〇〇四年到二〇一〇年它退役的六年間，總共去了六十多處美麗的地方，從台灣本島最北端到最南點、從都市到鄉村、從平原到山丘、從海邊到森林，只要發現好玩的地方，我立刻出發。

印象最深刻的一次，是集集—台南—高雄之旅，我從台北出發，三天之內，行駛了一千多公里，不僅打破自己的紀錄，也完成開車到高雄的心願。還有一次，則是帶著病友去福壽山賞楓，我們從台北行經雪山隧道、經過蜿蜒的山路到梨山，大約花了半天才抵達福壽山農場。雖然開車很累，但一看到美麗的楓葉，整個精神都來了，山上的空氣，呼吸起來真是舒服，登高望遠的感覺也令人心曠神怡，再遠都值得。

還有一次，我在網路上發現嘉義有業者提供露營車住宿，很好奇住在裡面是什麼感覺，二話不說，馬上開車去住了一晚。結果床板太硬，屁股痛到整晚睡不著，照片拍起來也是一副愛睏樣，但現在回想起來，卻覺得那是一趟有趣的體驗，令人難忘。

新加坡、馬來西亞初體驗

除了開車全台趴趴走之外，我也嘗試國外旅遊，從一開始與家人跟團出遊，到自己參加一般團，到後來又嘗試自由行，越玩越過癮。

記得坐上輪椅之後，第一次自己出國是跟炬輪協會一同到深圳—珠海旅遊，當時仍是使用手推輪椅，玩起來限制頗多，推的人累，坐在輪椅上的人也累，當我說往右，推的人卻往左，此外手推輪椅的前輪只要遇到一點點阻礙，就不好移動，當前輪卡到時硬往前推，後輪就會翹起來，坐在上面的人就會往前掉到地面，如果遇到碎石路或上下坡，就更費力了。所以一開始出國旅遊，我覺得不太方便，直到二〇〇九年開始使用（YAMAHA）電動輪椅，變得可以自由行走，才總算輕鬆一點。

二〇〇九年我在網路上看到馬來西亞—新加坡的一般團介紹，頗為心動，但不確定看護是否能同行，在得知印尼看護免簽之後，大受激勵，旅行社又知會外籍看護的團費不加價，我立即決定報名。但報名不等於成行，必須湊齊人數才能開團，我只能潛心禱告，交託神來安排。當旅行社通知成行時，我開心極了，好期待出遊那天的到來。

團員當中僅有我是輪椅使用者，為了確保搭機順利，在得知搭乘哪家航空公司之後，我便請旅行社向航空公司轉達我的輪椅規格，包括型號、尺寸、重量及電池規格瓦特小時（WH）等等，確認託運細節，另外也主動說明自己的需求，請航空公司準備機艙輪椅，協助我到達機艙內的座位。登機當天我也格外謹慎，登機前在報到櫃台先用毛巾與膠帶保護輪椅的控制器，並用束帶將輪椅收折固定，以膠帶黏住電池絕緣口。好在一切都沒問題，我順利登機並抵達吉隆坡機場。

那次旅遊僅在過境時，匆匆停留新加坡半天，很想再專程去新加坡，但機票很貴，實在下不了手。有一天看到經香港轉機早去晚回的班機，團費比較便宜，加上當時適逢聖誕佳節，可以觀賞到新加坡的聖誕街景，於是我把握機會，迅速向旅行社報名。

這是我第二次跟一般團出國，心情比第一次輕鬆許多，也比較知道如何配合大家的步調。我們先到聖淘沙，當大家坐沙灘列車去玩自費項目時，我覺得設施對我不太方便，自己也不太有興趣玩那些項目，領隊便帶我四處逛逛。那一次在新加坡，我也嘗試搭公車，那時台灣的低地板公車還很少，而新加坡在這方面已有不少進展，候車亭的液晶螢幕清楚標示哪些公車方便輪椅使用，司機也知道怎麼服務輪椅使用者，搭乘起來相當便利。真沒想到坐上輪椅之後，我第一次搭公車，竟然是在國外。

不過接連幾次國外旅遊的經驗，還是不太順暢，因為YAMAHA輪椅速度太慢，就算在平地，仍然要請看護幫忙推，所以中間大約有兩三年都沒出國，直到二〇一二年購買了台灣輪椅廠商製造的輕型電動輪椅，行動力大幅提升，出國的頻率隨之增加，尤其當我發現日本的無障礙環境很棒時，更是喜歡那裡，每年至少都會去一趟。

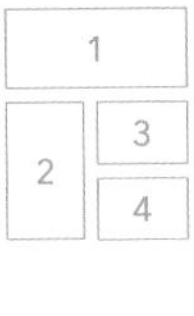

1. 東京都立武藏野公園　2. 巴里島
3. 北海道　4. 越南

參加一般團　也能自得其樂

在日本，我嘗試過各種玩法，包括跟無障礙旅遊團以及一般團、自由行以及部分自由行加當地一日遊行程。起初要參加一般團時，心裡還是有些壓力，覺得坐輪椅的我，會不會造成別人的麻煩，或耽擱大家的行程？也擔心別人用異樣眼光看我：「你都這麼不方便了，為什麼還要來玩？」

但實際參與一般團之後，發現自己多慮了。我在移位上算是方便的，只要有人稍微協助，就可以上下車、上下樓梯，並不會耽誤太多時間。而且在旅途過程中，我常常是速度最快的團員，因為電動輪椅跑起來比雙腳快多了，有時雖然我是最後一個下車的人，但只要啟動電動輪椅，馬上就可以追上大家。

參加一般團，事先跟旅行社溝通很重要，不是每個旅行社都知道輪椅族的需求，所以最好能事先跟旅行社說明。在房間方面，若是到日本，我會跟旅行社說明自己不方便使用和式房間，請他們安排有床鋪的洋式房間，若有無障礙房間更好。餐廳部分，我到現場時，會先跟導遊知會太窄或太裡面的用餐位置不適合我，請他安排座位時幫忙留意；另外，我也會詢問導遊這次的行程哪些地方可以使用輪椅、哪些不行？在輪椅不方便行走的景點，是否有什麼商家可以讓我去逛逛。這些事前溝通，不僅讓我有心理準備，也非常有助於遊程的安排。

像是有一次跟團去日本北陸賞櫻，導遊事先告訴我接下來的景點需要爬樓梯，不適合輪椅。我得知之後，沿途搭遊覽車時，便仔細注意可以去哪裡，在抵達目的地之前，我發現河岸邊有一條櫻花隧道，因此當司機停車，導遊帶一般旅客去走階梯時，我與看護便循著遊覽車路線回頭尋找，結果看到了非常美麗的櫻花隧道，其他團員看到照片後，紛紛說他們也好想去。

跟一般團出遊時，如果遇見有障礙的路，不妨換另一條路走看看，有時反而可以看到不同的風景，這也是另一種樂趣。不過一定要記得自己走到哪裡，不要走丟了，最好也預留回程的時間，這樣才有足夠的時間上遊覽車。比方說導遊說二十分集合，我十五分就會到集合地點，每次大家都很驚訝，我怎麼比他們早到。

有時也會遇上熱心的團員，同樣是日本北陸那一次，有個遊河的行程，必須從碼頭下樓梯才能搭船。我因為行動不便，加上氣候不佳，於是跟導遊說自己在岸邊觀賞風景即可，但有位團員鼓勵我去搭船，導遊也一直鼓勵我，抵擋不住大家的好意，我就跟著搭船去玩。參加幾次一般團之後，我發現大部分的人都非常友善，不僅不會覺得我造成麻煩，反而很希望我能跟他們一樣參與全部行程。

這幾年來，我就這樣從國內玩到國外，再從國外玩到國內，足跡遍及日本、越南、印尼、中國、馬來西亞、新加坡，最近還完成去德國的夢想。真沒想到坐上輪椅之後，我的人生反而變得開闊，現在的我，比以前看得更多、走得更遠。能有這麼多機會出遊，除了充滿感恩之外，也一直希望有機會回饋社會，但要用什麼方式回饋，多年前的我，還不曉得，直到加入台北市脊髓損傷者協會，才漸漸知道自己可以做什麼。

坐上輪椅後的出國紀錄

- 2006年 4月 和炬輪協會去「深圳—珠海」(手推輪椅)
  5月 和家人去「日本那霸」(手推輪椅)
- 2009年 8月 和看護參加旅遊團去「馬來西亞—新加坡」(YAMAHA電動輪椅)
  12月 和看護參加旅遊團去「新加坡」(YAMAHA電動輪椅)
- 2010年 7月 和家人搭乘麗星水秤星號郵輪(YAMAHA電動輪椅)
  9月 和朋友參加「上海世博團」(手推輪椅)
- 2013年 3月 和看護參加八福協會的「日本九州賞櫻團」(崴鴻輕型電動輪椅)
  6月 和看護「日本大阪」自由行(崴鴻電動輪椅)
  11月 和看護「日本京都賞楓」自由行(崴鴻電動輪椅)
  12月 和看護、一位輪椅朋友「香港澳門」自由行(崴鴻電動輪椅)
- 2014年 1月 和家人「越南行」(崴鴻電動輪椅)
  3月 和看護「日本東京」自由行(崴鴻電動輪椅)
  4月 和看護「日本東京賞櫻」自由行(崴鴻電動輪椅)
- 2015年 4月 和看護參加旅遊團「日本北陸賞櫻」(崴鴻電動輪椅)
  5月 和看護台北港搭船參加「福州研討會」(崴鴻電動輪椅)
  8月 和看護參加旅遊團「海南島」(手推輪椅)
  11月 首次辦理「日本大阪賞楓輪椅團」(崴鴻電動輪椅)
  12月「印尼峇里島」自由行(崴鴻電動輪椅)
- 2016年 5月 和看護「日本東京紫藤」自由行(崴鴻電動輪椅)
  7月 和看護參加旅遊團「日本北海道薰衣草」(崴鴻電動輪椅)
  11月「日本大阪賞楓輪椅團」(崴鴻電動輪椅)
- 2017年 4月「日本大阪賞櫻輪椅團」(崴鴻電動輪椅)
  10月 和朋友參加旅遊團「德國」(崴鴻電動輪椅)
- 2018年 3月「福建平潭武夷山五日的家族旅遊」(崴鴻電動輪椅)
  10月 和看護參加旅遊團「日本東北賞楓」(崴鴻電動輪椅)

CHAPTER

4

加入脊髓損傷者協會 開啟帶團之路

當我在網路分享無障礙旅遊資訊以後，不少朋友給予正面回饋，我深受激勵，決定再跨出一步，去認識跟我一樣坐輪椅的朋友。先是加入台北市脊髓損傷者協會，後來又鼓起勇氣，參加二〇〇五年台灣無障礙協會的無障礙大使輪椅小姐選拔，在歷經層層評選後，我獲得了第一名，而且還獲得才華、活力健康、人緣、口才與造型等五項特別獎。那是一次非常美好的體驗，令我重拾自信。

在加入台北市脊髓損傷者協會一陣子之後，我擔任起常務理事一職。我一向都很鼓勵輪椅朋友出去玩，自己也累積不少旅遊經驗，因此當上常務理事之後，主動提議帶大家出去玩。

在這之前，我便不斷思索如何讓更多輪椅朋友出遊，因為身邊的輪椅朋友，除了少數具備交通工具之外，大部分都沒什麼機會出去玩。有朋友說，他們看到我部落格的照片，就心滿意足了，不用實地到現場。但我覺得很可惜，看照片跟親身經歷畢竟不同，這些照片不會成為他們人生記憶的一部分，因此也無法在他們腦海中留下美好的回憶，唯有親眼目睹、親身前往，這個旅行經驗才會成為他們自己的。我希望他們也能像我一樣享受旅行的美好，因此內心暗暗決定，以後一定要幫助輪椅朋友實現旅遊的夢想。

第一次規劃輪椅團體旅遊

有一次我計畫去花蓮海洋公園玩，原本期望家人帶我去，但家人擔憂那裡的斜坡可能過陡，設施不夠安全，遲遲沒成行。我很不甘心，決定自行開車前往，我想到車上還有空位，可以邀請一位輪椅朋友一同出遊。剛好一位朋友有興趣，加上看護，我們組成了三人旅遊團，由我負責開車與規劃行程。

那天早上，我們六點從台北出發，行經蘇花公路南澳路段時，前面有落石，道路中斷了幾個小時，當我們抵達花蓮，已經是晚上了，只好隔天再去海洋公園。原本擔心坐手推輪椅的我們，會不會很多地方去不了，但海洋公園的工作人員非常專業，當我們需要協助時，都會立即前來幫忙。我們玩得很愉快，毫無阻礙，而且整體上也沒有什麼安全疑慮，後來還去七星潭看海，三人不只欣賞了許多美景，也一起享用許多美食，回程時，我暗自慶幸沒有因為家人的擔憂而放棄這次旅遊。

那次帶朋友出去玩讓我深深體會到，獨樂樂不如眾樂樂，也開始思考有沒有可能讓更多人一同出遊？原本設想只要換一台廂型車，就可以讓更多人同行，但想了想，頂多只是增加二至三人的名額，依然非常有限。

直到我在台北市脊髓損傷者協會協助規劃團體旅遊，才找到了「眾樂樂」的方案。那時少有旅行社舉辦無障礙旅遊，也少有以輪椅族為對象的團體旅遊。對一般人來說，出遊很稀鬆平常，但對於輪椅族來說，脊髓損傷者協會舉辦的活動，就是他們一年當中僅有的一、兩次旅行，非常珍貴。

在我擔任常務理事那年，原本協會規劃要去宜蘭玩，卻因為經費不足而喊卡。我覺得很可惜，真不想就此放棄，於是逐一打電話給會員，詢問大家是否願意自費出遊，結果許多人都同意，隨後協會又順利募得晚餐的費用，因此我們有了完整一日遊行程，大家都相當期待，報名相當踴躍，那一次加上家屬與志工，約有三十幾人參加。

協會交由我負責規劃行程，第一次要跟這麼多輪椅朋友出去玩，在時程、地點與用餐的安排上，跟先前兩、三好友自行開車出遊的模式大為不同。為了確保旅遊順利，我總共去宜蘭探勘了四次。第一次是跟協會的大哥一起去，看過一輪後，原本以為應該都沒問題了，但完美主義的我，回來台北之後，想到某個行程安排起來不太順暢，便又自行開車前往宜蘭勘查。就這樣來來回回了四次，才將所有行程安排妥當。

那一次，我們出動兩台大型復康巴士，一群人浩浩蕩蕩抵達宜蘭，先在烏石漁港享用午餐，隨後前往綠色博覽會，會場有完善的無障礙設施，大家玩起來很愜意，晚餐再轉往蘇澳用餐。

這次團體旅遊的「初體驗」，帶給我極大的啟發，我發現運用遊覽車出遊的方式，比起自己開車帶人出去有效率多了，一次就可以讓好多朋友出遊。

挑戰不可能的任務——烏來內洞之旅

累積幾次輪椅團體旅遊的經驗之後，我決定再加碼，挑戰難度更高的活動，帶大家到烏來內洞國家森林遊樂區。

內洞森林遊樂區以豐富的生態、美麗的瀑布聞名，一般人只要走到步道底端，登上平台，就可以感受瀑布在眼前流洩而下的壯觀景象，也能享受穿梭於森林與瀑布之間的陣陣涼風。這個對一般人而言非常輕鬆好走的路線，卻因為缺乏無障礙設施，使得輪椅族窒礙難行。

為了讓脊髓損傷者協會的朋友能一覽瀑布之美，在得知大型遊覽車可以行駛到內洞停車場時*，我與協會幾個夥伴就著手規劃集體出遊。這次我們需要克服的障礙有兩項，第一是園區的碎石路，以前自行前往時，路途非常顛簸，輪椅晃動得十分劇烈，我全身抖動到不行。為了避免這樣的情況，特別向林務局新竹林區管理處申請，讓小型復康巴士分批載會員進入園區，避開碎石路。

很順利地，我們獲得林務局同意，克服了第一項阻礙。緊接著第二項挑戰是觀瀑平台的關卡，那時還沒有斜坡式的無障礙設施，遊客得先走過一段階梯，才能躍上平台。

---

* 現在大型遊覽車只能開到烏來瀑布

我獨自前往時，是一步一步爬上階梯，雖然費力，但近距離欣賞瀑布的感受實在無與倫比，我希望大家也能擁有相同的體驗，可是又不希望他們辛苦爬行，尤其有些朋友的雙腳完全無法移動，那就更難登上平台了。討論過後，在階梯這段路，我們決定安排四位志工協助搬抬輪椅，算是解決了第二道關卡。

好不容易一切都安排就緒了，氣象預報卻說東北季風即將到來，溫度會下降，並有短暫雨。我心中備感壓力，擔心無法成行，只能不斷跟上帝禱告，祈求天氣不要太差。

活動當天早晨四點，我起床禱告時，隱約聽到外頭的雨聲，心中有些失落，但仍繼續讀經禱告。九點出門時，好在雨停了，但仍不敢奢望有太陽。到集合地點看到會員，我還擔心天氣不好會讓他們失望。不過後來證實我多慮了，從一早的集合就很順利，比預定的時間提早出發，一路也很順暢。更令我開心的是，到達山上時，竟然是藍天白雲的好天氣。中午大家在森林當中分享心情時，更有一道陽光，投射過來聚焦於我們，相信神也對這次的活動感到喜悅。當我們下山到碧潭風景區用餐時，雖然飄著小雨，但幸好店家有遮雨篷，我們不僅沒有淋到雨，還覺得湖上的絲絲細雨頗有情調。幸運的是，當我們準備離開時，雨停了，大家開開心心地回到了家，我也鬆了一口氣。

許多會員從沒想過可以出遊，更沒想過可以到森林風景區。有會員回饋，以前在網路上看到烏來內洞瀑布的美景，根本不敢想像自己有一天可以親自前往，沒想到那天他能親眼目睹內洞瀑布，彷彿在作夢。也有朋友回饋輪椅旅遊的模式，令他們感到從容與自在，因為身旁一起玩的都是輪椅族朋友，無論在車上或行走於步道或吃飯聊天，彼此有著共同的語言，玩起來特別輕鬆愉快。

看到眾人接觸森林和瀑布的喜悅，因出遊而展露的笑容，我內心很感動也很滿足，深深覺得帶大家出去玩，是一件很有意義的事。更令我意外的是，隔了一年，內洞國家森林遊樂區竟然有無障礙步道了！早在脊髓損傷者協會團體出遊前，我便不斷向相關單位反映無障礙設施之必要，然而他們給我的回應都是：「斜坡太陡，不可能做到。」沒想到一年後重返原地，售票口、園區步道、涼亭、橋梁都已改成無障礙設施了，同時也有固定的無障礙廁所了，真是振奮人心。

後來才知道這是林務局結合民間力量，包括行無礙資源推廣協會與千里步道協會，一起規劃並邀請志工參與的無障礙步道工程。記得當時我們出遊時，林務局特別派了一位工作人員，全程拍攝我們旅遊的過程，也許那時他們就在規劃相關工程了吧！我們這麼多台輪椅在現場實際走動，應該有助於他們理解輪椅使用者的需求，說起來我們也算有貢獻。不過更要感謝的是，這些民間單位與公家機關看到了輪椅朋友的需求，為大家打造更友善的環境。

＊二〇一五年的颱風重創烏來，內洞森林遊樂區歷經三年的整修與重建，於二〇一八年九月重新開園，現在的無障礙設施更甚於以往，擁有完整的無障礙步道與廁所。

內洞國家森林遊樂區旅遊資訊　可參考本書192頁的介紹

CHAPTER

5

全台第一位輪椅導遊

在台北市脊髓損傷者協會規劃與執行團體旅遊的經驗，使我有了當導遊的念頭。因為每當我開車到台灣各地遊玩時，心中就忍不住浮現一股聲音：「我可以很方便地出遊，可是我的輪椅朋友呢？」我一邊思考著如何帶朋友出遊，另一方面想到，現在是證照時代，或許我可以去考個導遊資格。

但是，一個坐輪椅的人要當導遊？真的可行嗎？親朋好友都對我打上一個大問號，他們質疑：「你有能力當導遊嗎？」、「你都無法照顧自己了，如何照顧別人？」、「會有旅行社願意聘用你嗎？」、「有人敢跟你的團嗎？」

父母聽了我的「夢想」之後，擔心我太累，身體會承受不了，屢屢勸我：「你怎麼不去考公務員？為什麼要做這麼辛苦的工作？」一路上，質疑與擔憂的聲音很多，但我並不害怕，雖然不確定這條路可不可行，但既然上帝允許我變得行動不便，又讓我因為復健愛上旅遊，一定是希望我能做些什麼。同為輪椅使用者的我，對於輪椅朋友的需求更能感同身受，或許可以提供更貼心的旅遊服務，而且當他們看到導遊也坐輪椅時，就會知道出去玩並不困難。

為了充實專業能力，也希望自己行動不便的外在，能喚起大眾對無障礙旅遊的重視，我決定報考領隊與導遊考試，取得專業資格。我興沖沖跑去南港社區大學，報名導遊領隊證照班與衝刺班，但上課之後才發現，領隊資格是用來帶國人出國，導遊則是用來接待來台灣的外國人，而我原先設想的是服務在台灣旅遊的國內身障者，既不是要帶團出國，更不是要接待外國人在台灣旅遊，也就是說，這兩張證照對我完全沒有用。

不過，既然訂下這個目標，還是去應考吧！從大學聯考之後的高普考，就沒有準備過大考，我有點緊張，半年的閉關苦讀，身心都處於緊繃狀態，常常想說自己何必做這件苦差事，真期待趕快通過這一關。終於等到考試的日子了，那兩天我坐在教室裡振筆疾書，整個人都快虛脫了。最後，我考上了，成了全台灣第一位輪椅導遊。

輪椅導遊的實戰考驗

拿到證照之後，接下來就是實戰考驗了，我必須證明自己真的有能耐帶領輪椅旅遊團，最好還能讓每位參加者都感到滿意，不虛此行。考上導遊沒多久，我舉辦了首場圓夢旅遊團，安排輪椅朋友去陽明山竹子湖觀賞海芋、到野柳欣賞女王頭。

考上導遊之後，參加了中華民國身心障礙聯盟的真人圖書館活動（左圖）。第一場旅遊活動在陽明山竹子湖（右圖）

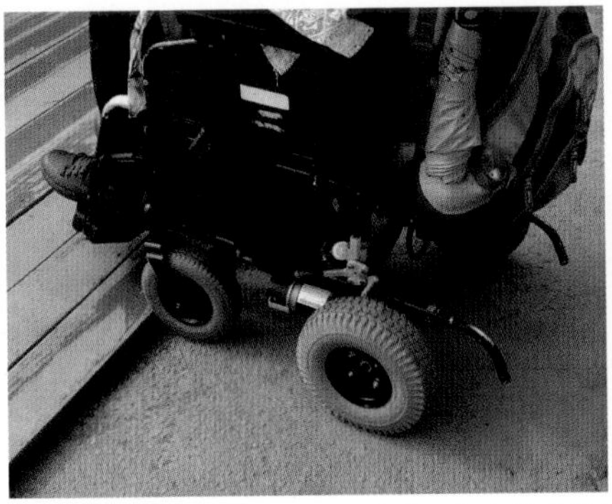

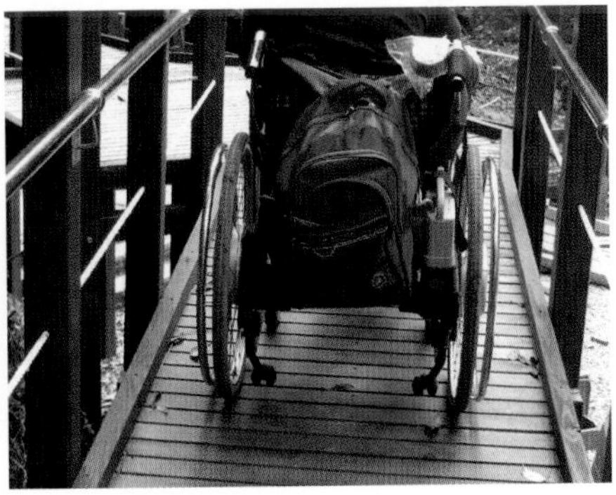

探勘時，替輪椅朋友把關所有環節，親身使用所有設施

初出茅廬的我，一開始邀請的都是熟識的朋友，除了一圓跟朋友一起出遊的夢想，也希望朋友能給予誠實的回饋，幫助我成為更稱職的導遊。多虧好友的支持，隨後又陸續在苗栗舉辦了第二、第三場圓夢活動，我的父母也參加了第三場苗栗賞桐花活動。

那一次我們到客家大院欣賞桐花，又到好望角追火車、看夕陽，父母看到輪椅朋友臉上開心的笑容之後，感受到我做的事很有意義，態度由擔憂轉為支持。隔年，父親又跟了一次桐花團，後來父親還跟我們上武陵農場賞櫻花，喜歡攝影的他，幫我們拍了很多有紀念性的照片呢！

從沒想過自己會踏上旅遊這條路，在我尚未中風前，也不曾去過台灣這麼多地方，以前想的都是如何賺錢、成家立業、成就自己，從沒想過可以服務他人，結果坐上輪椅後，我的服務心反而被喚起。身為輪椅導遊，雖然不能像一般導遊在勞力上照顧旅客，但我還有嘴巴、還有頭腦，可以安排很多事情，為大家探勘景點、介紹景點，我相信自己一點都不遜於一般導遊。

許多初次見面的朋友，知道我是導遊時，都非常訝異，他們從來沒有想過坐輪椅的人可以當導遊，他們以為我只是喜歡介紹哪裡好玩，後來才知道我是貨真價實的導遊，會帶著大家一起出去玩。

「帶大家出去玩」，聽起來好像很簡單，只要查閱景點、規劃交通、行程與食宿，人人都可以辦到，尤其現在台灣的旅遊風氣興盛，用心做點功課，每個人都能規劃出不錯的旅遊行程。但若要規劃無障礙旅遊，那就不簡單了，有些地方光看照片，會覺得風景很美，然而一到現場，往往發現沒有無障礙坡道，必須經過幾百個階梯，才能看到美景，那樣的景點根本就不適合輪椅朋友。此外，有些地方雖然可以讓輪椅通行，周遭卻沒有無障礙廁所，或沒有適合輪椅族的餐廳，這時就需要思考是要跟相關單位溝通，或者另覓景點。

無障礙旅遊的許多環節都跟一般旅遊不同，必須另外做功課、找資料，加上無障礙旅遊是很新的旅遊領域，也被認為無利可圖，當年少有旅行社投入，相關資訊相當匱乏，沒有太多現成的行程可以參考，我只能以土法煉鋼的方式，一步一腳印實地探勘、踩點，逐一確認每個細節，規劃出專屬於輪椅族的無障礙旅遊團。

每次規劃行程，我都會把自己想像成「若我是遊客，對這個行程，會有什麼感受？」如果連我自己都不滿意了，別人又怎麼可能滿意。這也是為什麼在每一個細節上，我都用盡全力、想破頭去安排，而不是只要「有」就好，我希望讓客人感受到「好好玩」，甚至讓他們覺得這趟旅程令人難忘，物超所值。

將心比心規劃無障礙旅遊

既然身為「輪椅」導遊，我要求自己「將心比心」，替輪椅朋友把關所有環節。在探勘階段，我會親身使用所有設施，只要通過我的考驗，其他輪椅族就不用擔心。比方說有些地方的廁所不是無障礙廁所，我會實際了解門寬與內部設施是否方便輪椅族使用。

在搭火車時，我也會去觀察太魯閣號、普悠瑪號的無障礙座位坐起來如何？哪一個比較舒適？盡量預訂比較舒適的車次。

我還會設想從輪椅的高度望出去的風景會是什麼？我們的角度與一般人不同，適合一般人的觀景台，未必適合輪椅族，因此實地探勘的任務之一，也在於找到適合輪椅族高度的景點。

在勘景時，我也會測試各個路線的坡度，對於輪椅使用者是否安全？如果該景點的坡度較陡，我會多安排一些人力支援。遇到碎石路段，我也會試著用輪椅走看看，確認阻力是否過大，有沒有安全上的疑慮。

此外，打電話也是很基本的工作，每個地點我都會打電話再三確認，不僅請求店家提供照片，也常常親自前往查看，以免雙方的認知有落差。每一次的無障礙旅遊，都是在反覆確認與溝通的過程中完成的。我的理念是，如果大家大費周章出遊，卻看不到百分百的景色，或處處覺得不方便，那麼出遊的心情一定大打折扣。當大家感受不好時，就不會想參加第二次、第三次了，這就違背了我希望大家多出來走走的初衷，而且對於許多輪椅族來說，出遊並不是那麼方便，在少少的出遊機會中，我希望他們能留下美好的回憶與印象，實實在在感受到「無障礙」。

CHAPTER

6

全台走透透 規劃無障礙行程

考上導遊與領隊之後，我開始接觸旅行社，希望旅行社能夠常態性地開設無障礙旅遊團，讓輪椅朋友可以想出發就出發。之所以選擇團體旅遊這個路線，是因為我發現，許多輪椅朋友沒有交通工具，也沒有陪伴者，自行出遊不容易，旅行社擅長的團體旅遊，正好可以克服上述問題，滿足沒有管道出門的人，讓那些不太有機會出來玩的人，出來走走。

為什麼那麼希望大家出來玩？因為我相信出來玩，可以讓大家活得更健康、更快樂。對我來說，旅遊是生命的充電器，每當在都市生活到快要窒息時，只要去接觸大自然、看看風景，我的身心就會感到暢快，並且再度擁有活力。我相信對很多人也有相同效果，尤其身障者出門不是那麼方便，許多人長年都待在家中，日久不免感覺煩悶，情緒與身體都會受到影響，若有多一點機會出遊，不僅可以接觸人群、認識新朋友，也可以親近大自然，讓自己轉換心情。

可是當我對旅行社提出常態性無障礙旅遊團的想法時，卻被潑了一大桶冷水。當時（二〇一二年）台灣的旅遊業對於國內無障礙旅遊多半抱持被動與保守的心態，覺得這項工作很麻煩，吃力不討好，也認為台灣的無障礙設施與房間不足，執行起來很困難，所以大部分都興趣缺缺，沒有意願推廣。

旅行社的這些回應，令我洩氣，難道無障礙旅遊真的難以普及嗎？輪椅朋友只能透過各種圓夢管道，滿足想要出遊的心情，不能像一般人一樣，讓旅遊成為生活的一部分？

別人不信　我做給你們看

旅遊業對於輪椅旅遊的陌生與保守，反倒激起我的鬥志，我立志蒐集全台的輪椅旅遊路線，告訴大家：「輪椅旅遊是可行的，只是欠缺開發與執行。」我想以實際行動來說服旅行社，讓他們知道帶領輪椅旅遊團，並不如想像中困難，而且我也相信任何困難，都必須實際走過一遭，才會知道如何克服。因此，考上導遊與領隊第一年，我給自己的第一個目標，就是規劃出台灣一年十二個月份的輪椅旅遊行程，找出每個月份適合遊玩的地點與行程。

為了達成這個目標，我走遍全台，四處勘查景點，而且常常因為勘查的景點遙遠，就順道環島了起來，因為既然開車出來了，那就一次勘查個夠。記得剛考上導遊時，為了多看一些景點，竟然一口氣安排了十一天的環島之旅。

我從無到有、一點一滴累積資訊，一步一步摸索輪椅旅遊的細節。大部分的時候，我會先在網路篩選熱門地點，打電話詢問狀況之後，再到現場實地勘查，一方面了解這些景點是否能納入行程，另一方面也了解周邊的餐廳與住宿設施。此外，也會依照主題來建立行程，比方說春天去賞花、夏天去溪頭避暑、秋天去福壽山賞楓、冬天去烏來泡湯。先設定好主題之後，再查看這些景點是否適合輪椅朋友前往，以及周邊有什麼小景點。如此逐一篩選出合適的大小景點之後，再進一步思考如何把這些地點串連起來，成為好玩又可執行的行程，同時也針對路程遠近，安排一天、兩天或三天的行程。除了景點之外，找到適合輪椅朋友使用的飯店、餐廳、上廁所的地方，也需要花費一番心力，最棘手的，就是找飯店了。

我所帶領的團體行程分為兩種，一種是運用小巴士的六人團，適用於山區或大車不能行走的路段；另一種是十六人以上成行的遊覽車旅遊團，多人分攤車資，較為經濟。因此每逢需要過夜的行程，至少就需要三到十個房間。目前台灣飯店所提供的無障礙房，大多僅符合法規的最低標準，常常僅有一到四間無障礙房，遠遠不符合團體旅遊的需求，也就是說輪椅團體旅遊，勢必要搭配一般房，才能成行。為此，我必須逐一確認每家飯店一般房的規格，包括門寬尺寸、廁所及衛浴設施等等，再判斷是否適合輪椅朋友使用。

尋找一般房時，我最在意的是安全問題，寧可多花點時間尋覓，也不要團員勉強使用不適合輪椅使用者的房間。最基本的要求是衛浴門寬及內部空間要大到足以讓輪椅直接進去，而不需要仰賴他人揹抱到浴室，因為身體的碰觸，會令人不自在，姿勢不對時，也容易受傷。同時也會盡量避免有門檻而必須走路到浴室的房間，雖然有些朋友可以走幾步路，但地上濕滑畢竟是危險的，最安全的是選擇輪椅可以進到浴室的房間，然後再從輪椅移位到洗澡椅。

心中有感動　再艱難都要走下去

現在網路資訊很豐富，雖然比沒有網路的時代方便多了，但無障礙資訊仍然不足，我常常還是需要撥打數次電話、親自到現場，才能知道每個景點、每家餐廳、每個房間、每間廁所是否能排入行程。很多時候，對方一聽到是輪椅團，在電話中很快就說：「這裡不適合你們。」不過，我不會因為別人說「不行」，就打退堂鼓，我會再問清楚，到底是真的不行呢？還是對方並不了解輪椅族的需求而誤以為不行？這兩者是不同的。如果是後者，那麼有沒有可能讓對方多了解我們需要的是什麼，可否有變通方式，或者在未來改進？

為了促成每次旅遊，我花費不少時間跟公部門、飯店業者、私人店家與餐廳溝通。這幾年來，每天睜開眼，想的都是「今天要跟什麼單位溝通？要如何讓他們理解輪椅朋友的需求？要如何動搖他們的觀念？」我厚著臉皮面對各種刁難，說之以理、動之以情，逐一解釋改善設施的重要性，以及改善設施對他們有什麼好處。

老實說，規劃無障礙旅遊真的不容易，我一方面必須說服供應端提供無障礙設施，包括車子、飯店、餐廳、景點等，另一方面，也得讓消費端的輪椅朋友感到滿意。我盡可能在價格與品質之間取得平衡，但還是無法讓所有人都滿意。中間好幾次都覺得好累、好想放棄，但每次要放棄時，就會想到我的信仰。我心裡一直有個聲音：「為什麼我會坐在輪椅上？原本在美國送到醫院時，都陷入昏迷了，卻活了過來。上帝存留我的性命，一定是要我做一些事情、給予我一些任務。」

同學說，從前我不太關心與注意他人，然而坐上輪椅之後，反倒變得喜歡服務他

人。會有這樣的轉變，是因為心中有負擔，想去幫助同是坐輪椅的人，生病之後的我，也許就是聖經所說的「新造的人」，成為一個完全不同的自己，而神揀選我，也許是要我來做這些事。每每思及至此，我便有了繼續的勇氣，再艱難都要走下去。

歷經四年　我做到了！

靠著那加給我力量的神，經過四年，我實現當初設定的目標，規劃出全台灣一年四季、一月到十二月、從北到南、從東到西的無障礙旅遊行程。在那四年當中，再遠的山、再難走的路，我都咬著牙，開車去勘察，為的就是找到適合輪椅朋友遊玩的地點。

我不僅規劃行程，也實際帶團操作，這些年來，總共帶了五十幾個輪椅旅遊團，不管是去山上（陽明山、烏來、拉拉山、八仙山、溪頭、杉林溪、合歡山、清境農場、福壽山、武陵農場、阿里山、六十石山），或是到海邊（福隆海水浴場、墾丁、觀音音樂祭），甚至去採果（草莓、蜜棗、葡萄、水蜜桃、柚子、番茄）、賞花（白河賞蓮、觀音賞蓮剝蓮子、苗栗賞桐花、新社擁抱花海、中社鬱金香、南投梅花、武陵櫻花、六十石山金針花），都有我們輪椅朋友的足跡。

每次帶團回來，也會檢討有沒有需要改進的地方，一次又一次地修正與調整。如今我可以很有信心地說，我所開發的每個行程，都是可執行的無障礙行程。任何輪椅朋友想去台灣哪個地方，我馬上都能提出一套行程建議。我知道台灣每個時節，哪裡的風景最美，也知道周邊的無障礙設施、餐廳、飯店的資訊，我所提供的建議，都是自己親身體驗過好幾次所篩選出來的菁華。

雖然帶國內旅遊團不需要導遊證照，只要隨車人員，但我依舊以一個專業導遊的心態來規劃行程，也用旅行社的專業規格來帶領旅遊團，這些年來，每次出遊，都讓我對於輪椅旅遊的細節有更深刻的體會，而在操作上能更為細緻，期待這些經驗，可以讓我更專業地接待外國的輪椅朋友。

我的願望是將台灣的美景推廣給世界，尤其是無障礙旅遊，目前全世界許多國家都越來越重視無障礙旅遊，也投入資源營造無障礙環境，台灣有非常良好的觀光潛力，若在無障礙旅遊這塊能投入更多資源，將台灣打造成無障礙島，相信一定能吸引全世界的輪椅族來台灣觀光，而當他們來台灣旅遊感覺行無礙時，就會呼朋引伴，一來再來。

YAMAHA

PART

02

帶團出遊篇

獨樂樂不如眾樂樂

CHAPTER

7

跟我一起去沙灘吧！

台灣是個海洋國家，四面環海，到處都是美麗的海岸與沙灘，每到夏天，網路上更是頻頻出現人們相偕戲水的照片。然而，這些美景對於輪椅朋友來說，常常很遙遠，因為不管是碎石海灘或是沙灘，輪椅都到不了。

自從坐上輪椅之後，大約有十多年沒有碰到海水了，雖然曾經嘗試去宜蘭外澳沙灘，但輪椅一碰到沙灘，前輪立即陷入沙堆，接著整個人往前傾倒，跌了一大跤，從此就不太敢接近沙灘。

有一天，我在電視上看到福隆沙雕節的報導，新聞畫面出現世界各地的沙雕師，在福隆創作一座座令人驚豔的大型沙雕，有城堡、金字塔、人面獅身、海龍王、印地安人、航空母艦等造型，非常壯觀。電視的畫面令我蠢蠢欲動，想接近海水的願望又被喚起。行動派的我，隔沒幾天就殺到福隆，希望能親眼目睹那些作品。無奈的是，到了現場，輪椅依然穿越不了沙灘，只能遙望遠方朦朧的沙雕藝術品，請看護拍照回來給我看。

回家之後，我不時思索如何克服沙灘的障礙。有一次，無意間在網路上看到有人在沙灘鋪草蓆，讓輪椅沿著草蓆前進，這似乎可行，我躍躍欲試，帶著兩張草蓆到福隆海水浴場。起初還想試試看能否不假外人之手，用電動輪椅自己移動，但走沒幾步，前輪還是陷落了，我不死心地反覆試了幾次，還是行不通，就在快要放棄時，看護阿玲想到一個辦法，她將輪椅前輪翹起，用後輪倒著走（其實很重），加上草蓆接龍，這樣我就能在沙灘上一步一步前行了，真感謝阿玲的巧思。

不過這個方法十分費力，阿玲一邊要幫我推輪椅，另一方面，每隔幾公尺又要停下來鋪草蓆，兩人折騰了好久，海水終於近在眼前了，可是前方的沙灘有坡度，沙子也更深，我實在不敢繼續往前，深怕整個人倒頭栽。好在一位熱心的救生員，過來幫忙攙扶，我才碰到了海水，享受雙腳被浪花沖刷的涼快。

那一次雖然成功穿越沙灘到海邊，但非常不方便，費時又費力。回來後，我持續思考突破沙灘障礙的方法。輪椅不能在沙灘移動是因為輪子太小，若換成大的輪子，是否就能克服障礙？在查閱資料時，看到有些國家有大輪子的沙灘椅，但台灣既沒有販售，也沒有進口，該怎麼辦才好？

這個想法在我心中擱置了好一陣子，直到在輔具展，透過輪椅廠商，得知台灣有一家公司專門做沙灘椅外銷，才知道原來歐美的沙灘椅是Made in Taiwan。長久苦思輪椅沙灘行不得其解的我，眼前突然浮現一道曙光，我立即打電話給那家輪胎公司，但一開始並不順利，因為做外銷生意的公司，一般不會內銷台灣。我真不想就此放棄，只好親自開車南下，拜訪這家公司的老闆，跟他說明我們輪椅族有多想靠近海水與沙灘，卻沒有適當的工具，再三溝通之下，最後終於說服老闆把沙灘椅賣給我。

Made in Taiwan的沙灘椅　圓夢的大幫手

這款沙灘椅是由躺椅加裝輪子而成，我透過台灣證券交易所舉辦的「圓夢計畫」購買了二台，並且規劃了「沙灘圓夢之旅」，帶著一群輪椅朋友前進福隆。

出發前，我問大家多久沒碰到海水了？有人說二十年，有人說五十年，每個人都因為坐輪椅而遠離海邊，所以當我拿出沙灘椅時，大家都露出驚喜的表情，迫不及待坐上去體驗一番。

看著小兒痲痺的朋友，在五、六十年未曾碰觸海水的情形下，身體首度接觸到海水的興奮與激動，真是令人感動，以前在福隆海水浴場看沙雕，只能在彩虹橋上遠遠遙望，有了沙灘椅，就可以近距離與沙雕合影了，大家都好開心。

那次出團順利試用沙灘椅之後，就期待台灣的海水浴場也能和國外一樣，提供幾台沙灘椅給行動不便者使用。令人振奮的是，福隆海水浴場現在已經有一台沙灘椅可以租用了。

沙灘椅雖然是一大躍進，但一次只能乘坐一人，而且需要旁人協助推進，依然不夠

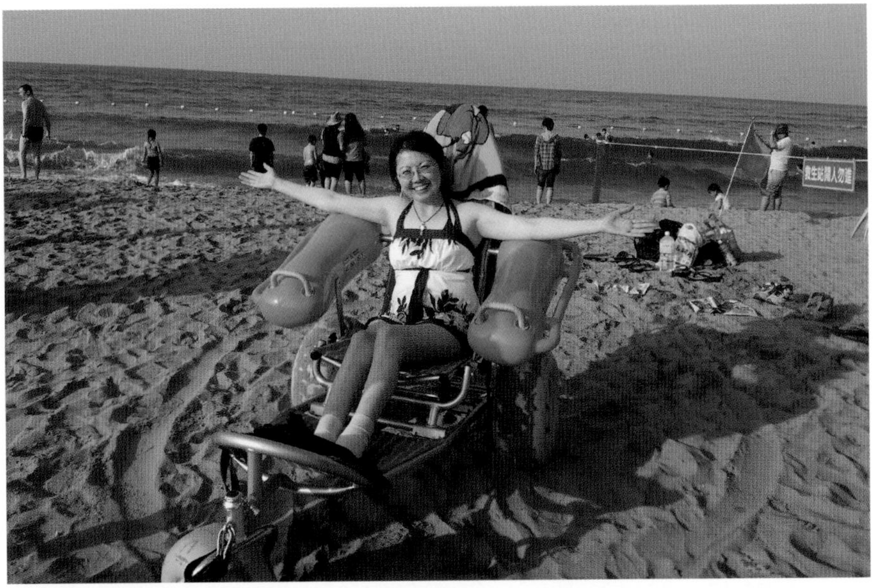

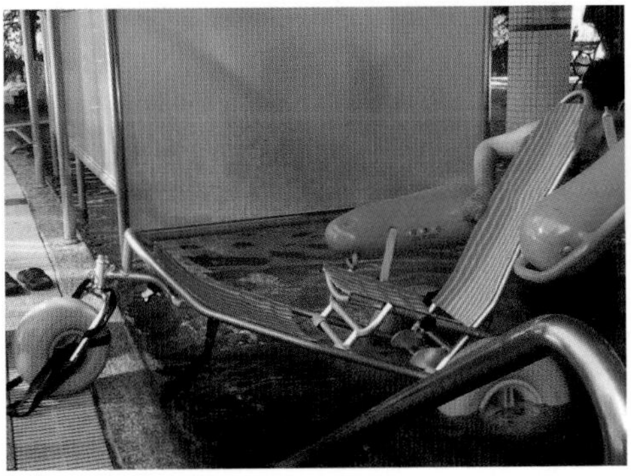

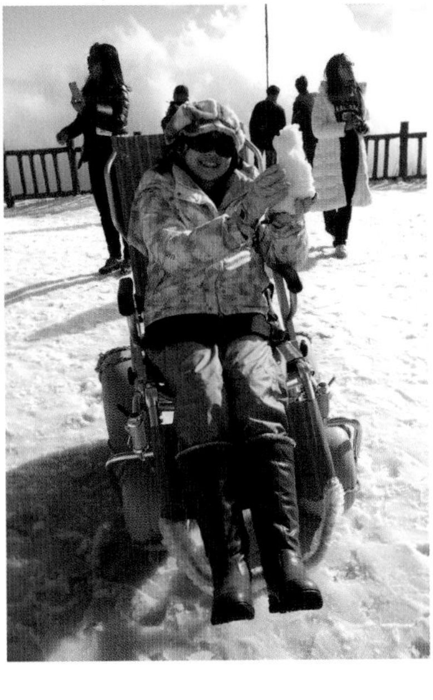

1. 有了這台沙灘椅，就可以靠近海水了
2. 多用途的沙灘椅，也可以輔助進入溫泉池
3. 沙灘椅也適用於雪地

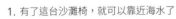

便利。輪椅朋友認為，若能在沙灘上鋪設一條步道，不僅可以讓輪椅族暢行無阻，也方便推娃娃車的家庭參與活動，豈不是兩全其美？所以我們也向福隆海水浴場及東北角國家風景區管理處建議鋪設步道。很高興他們採納了我們的建議，隔年立即鋪上步道。事事需要眼見為憑的我，也再度回到現場體驗，步道比沙灘椅又更方便了，我可以自由行走，不用任何人協助，不過可惜的是，雖然輪椅可以通行，卻無法會車，只要兩台輪椅從不同方向過來，就會撞在一起。為此，我們再次建議福隆海水浴場拉寬步道。東北角國家風景區管理處允諾改善，並且說到做到，從起初只有幾個會車處，到了二〇一六年，福隆沙雕季的步道，已經全線都可以讓兩台輪椅輕鬆會車了。

除了沙雕藝術季固定鋪設無障礙步道以外，這幾年來，福隆海水浴場的無障礙設施改善，也相當振奮人心。記得第一次到福隆海水浴場時，連一間可以讓輪椅方便使用的廁所都沒有，只能借用福容飯店的無障礙廁所，或是到距離海水浴場有一段路程的遊客中心外面使用，但是那間廁所空間太小，輪椅使用起來並不方便，整體來說，那時的福隆海水浴場並不是一個對輪椅友善的景點。而今不僅福隆海水浴場裡面就有無障礙廁所，更衣室與淋浴間也都很大間，而遊客中心裡面也加碼設置了一間標準的無障礙廁所，設施相當完善。這些改變讓我覺得，只要去反映就有機會改善，而我也發現，其實公部門很多單位都越來越有無障礙的概念，也願意去改善，希望台灣有更多地方可以像福隆海水浴場這樣，一年比一年友善。

泡溫泉、雪地遊蹤　也行得通

當初申請圓夢計畫時，我想到沙灘椅既然可以在沙灘上行走，應該也可以運用在雪地吧！因此當時我將計畫名稱取為「在台灣坐著輪椅也可以上山賞雪、下海玩水」。爭取到圓夢基金之後，我先執行了福隆海水浴場的圓夢計畫，接著再規劃賞雪行程。當冬天來臨，合歡山開始飄雪，我便邀請幾位朋友一起去圓夢，由於不確定沙灘椅是否能順利在雪地行走，所以邀請行動比較方便的朋友來當先鋒，測試沙灘椅。

實際到現場之後，手推輪椅在雪地上完全動彈不得，需要好幾位壯漢搬抬才能前進，我們因此依照計畫拿出沙灘椅，我第一個坐上去，結果發現沙灘椅真的可以在雪地上行走，雖然需要旁人幫忙推動，但至少不像搬抬輪椅那樣費力，同行的朋友也輪番體驗，大讚這個沙灘椅真好用。

完成雪地圓夢計畫之後，有一天，我又突發奇想：「用沙灘椅來泡溫泉如何？」很多溫泉池都是從地板往下挖個浴池，低於地板高度，也低於輪椅高度，輕度障礙者尚可勉強靠自己移位過去，若是重度障礙者，就需要他人協助抱進池裡，但這種方式一方面會帶來身體接觸，另一方面，則會因為地面濕滑而有安全的疑慮。

沙灘椅正好可以克服上述缺點，兼顧安全，也減少身體接觸。輪椅朋友坐上沙灘椅之後，旁人不需要搬抬，就能輕易將他推進溫泉池。實際使用時，我會請使用者配戴游泳臂圈，當他從沙灘椅移位到溫泉池時，就可以漂浮其上，接著就能好好泡溫泉了。

朋友知道我將沙灘椅運用來泡溫泉、雪地遊蹤，都覺得不可思議，好奇我怎麼會聯想到這些用途？我想那不是因為我很有創意，而是因為自己本身就是坐輪椅的人，能從輪椅使用者的角度去思考與感受，進而開發各種突破障礙的方法。不得不說，坐上輪椅是不得已的事，但卻讓我這個輪椅導遊更專業，也更細膩。

福隆國際沙雕藝術季

- **時間**：約每年4月至7月
- **地址**：新北市貢寮區福隆街40號
- **電話**：02-21991210
- **♿無障礙步道**
  從福隆遊客中心前往海水浴場的前半段為柏油路，經過售票口中途遇到彩虹橋有階梯，可沿著指標轉往無障礙步道上彩虹橋，再沿著木棧道至沙雕區遊覽。彩虹橋前後段坡度較大，須小心通行。
- **大眾運輸**
  台鐵「福隆站」
  台鐵「瑞芳站」→台灣好行「黃金福隆線」（全線低地板）
- **♿無障礙廁所**
  福隆遊客中心、福隆海水浴場
- **沙灘車一台**（於福隆遊客中心租借）

CHAPTER

8

南投賞梅與蜜棗之旅

每到冬天，隨著氣溫下降、寒流來襲，就是梅花盛開的季節。喜歡沉浸在花海的我，當上導遊後，自然不會忘記帶大家去賞梅。

台灣最負盛名的賞梅景點是南投縣信義鄉的柳家梅園。二〇一五年為了舉辦冬季賞梅活動，我特地到南投勘查，但實際造訪後，發現柳家梅園的坡度很陡，旁邊又是斷崖，輪椅朋友若在那裡活動，可能會有危險，於是我想著是否能將地點改為南

投仁愛鄉西伯梅園，那邊人潮較少，花季期間比較不會塞車，但相關介紹不多，不太確定花況如何，只好親自走一趟，同時默默祈禱，希望不會太稀疏。到了現場，整片梅花樹海將我層層包圍，一朵朵白花，交織出一片白色森林，非常夢幻。這個地方實在太棒了，安全上也沒問題，若能成為輪椅團的賞梅景點，一定會令人驚豔。

一般人若找到更合適的地點，要更換行程並不難，可是輪椅團就有許多考量，我必須同時找到適合輪椅族的廁所與餐廳，才能變更行程。廁所是最基本的生理需求，我盡可能不讓大家在旅途中憋尿，這樣才能玩得輕鬆。但是南投仁愛鄉西伯梅園位於山中一角，在這樣的荒郊野外，很難找到無障礙廁所，該怎麼辦才好？我靈機一動，想到南投國姓旅遊服務中心，那裡曾是公家用地，依規定都須設置無障礙廁所，若我們可以先去那邊，再到梅園，就可以解決廁所的問題。

我立即驅車前往，那裡確實有一間無障礙廁所，可是通往廁所的斜坡道，有點破爛，不太平整，入口處也有一段門檻，不利輪椅移動。此外，外面的車道在連接旅遊服務中心之處，又架設了鏈條防止車子駛入，結果反倒一併阻礙了輪椅進出。我當下對工作人員提出這些問題，希望有所改善，不過無論如何，至少已經解決廁所的問題了。

當我準備離開旅遊中心，前往尋找餐廳時，不經意發現路邊有個斗大的招牌，上面寫著「蜜棗」。我很好奇裡面是什麼樣子，尤其自己很喜歡採果行程，因為像我這樣在都市長大的人，少有機會認識農作物與果樹生長的環境，所以特別喜歡接觸果樹的行程，那可以讓我們看到平日所吃的水果生長在什麼地方？果樹大小為何？結成果子是什麼模樣？從沒看過蜜棗園的我，毫不猶豫地輪著電動輪椅來到果園門口。老闆一看到我，馬上拿一顆蜜棗給我試吃，我咬了一口，大呼：「怎麼這麼甜？」老闆說：「因為是『蜜』棗啊！」

這讓我更想進去裡面一窺究竟，看看這個地點是否可以安排到旅遊行程當中，可是一到入口處，就有點害怕了，因為坡道有點陡而且不平整，一不小心，可能會摔倒，不敢前進的我，只好仰賴看護幫忙從後面拉住輪椅，慢慢進到果園。

一進入果園，一顆顆翠綠的蜜棗垂落在我眼前，果實的位置正好搭上輪椅的高度，只要伸手，就能觸摸到果實，而且這家果園的老闆很會照顧果樹，每一顆蜜棗都肥肥壯壯的，真是可愛，彷彿在我對說：「吃我吃我。」熱情的老闆加上豐碩的果實，我立即愛上這裡，希望能將此列為行程，帶輪椅朋友進來體驗。可是門口的斜坡是一大問題，許多朋友並不像我有看護可以協助，他們該怎麼辦？我向果園老闆說明入口的問題，跟他解釋，如果帶團過來，將有十幾台輪椅需要進出，詢問是否可以想辦法解決入口障礙。

蜜棗果園老闆聽我一說，馬上停下手邊工作，一起討論解決辦法。他並沒有因為輪椅族是觀光少數而敷衍了事，而是認真聆聽我的想法，最後他決定架設一塊木板，讓大家進入果園「無障礙」。

在蜜棗的驚奇之後，我繼續尋覓餐廳，一間又一間地探訪，還是苦尋不著，直到發現一家山中餐廳。那裡雖然沒有標準的無障礙廁所，但門寬尚且足以讓輪椅進出，也算順路，大家在此享用午餐之後，就可以前往梅園，是個不錯的選擇。

周家雪蜜棗園 南投縣國姓鄉福龜村長壽巷53-2號 ☎ 0985-472085

在景點、廁所與餐廳都沒問題之後，南投賞梅之旅終於可以成行了。那一年我操作了兩小團的賞梅之旅，兩次都請一台小型巴士在台中高鐵接駁前往南投仁愛鄉。

不走熱門路線，自行開發的梅園秘境，讓大家感到驚喜，留下一張張精采的照片。蜜棗園老闆也相當守信用，當我帶著一團輪椅朋友前去果園時，他早已在入口處準備好斜坡木板，等候我們蒞臨。他的熱情款待，讓採果之旅，甜蜜在心頭。而且兩年後，當我重回果園時，那塊木板還放在老闆家，提供給需要的人使用。

舊地重遊　無障礙設施大躍進

二〇一七年，梅花盛開的季節到來時，我又興起賞梅團的念頭，這次想改用大台復康巴士，一次帶更多朋友出遊。不過上次山中餐廳的空間較小，容納有限，所以我決定再度前往南投勘查，尋找更適合的餐廳，也順帶了解周邊的環境是否有所變化。

我依舊先去南投國姓旅遊服務中心勘查廁所，令人開心的是，當年覺得破爛的無障礙坡道，這次造訪時，全部都變得平整了。接著我前往拜訪餐廳時，發現一家景緻優美的「私房客家美食餐廳」，當年僅有一般廁所，那時我建議他們設置無障礙廁所，沒想到這次重訪時，他們已經做好無障礙廁所了。我立刻把這家餐廳列入行程，這樣賞梅團的晚餐就有著落了，也有方便大家使用的廁所。

探勘完畢回到台北，我思考著午餐地點，考量重點依舊是廁所，原本設想在旅遊服

私房客家美食餐廳　♿ 無障礙廁所　南投縣國姓鄉北原路30-10號　☎ 049-2461300

1 | 2 | 3

1. 蜜棗園內部空間平整無礙
2. 伸手就能摸到棗子
3. 蜜棗園入口的木板

務中心用餐，但那裡距離梅園尚須四十分鐘的車程，梅園那邊也沒有廁所，亦無大巴士停車處，該怎麼辦才好？好不容易找到一家很棒的晚餐地點，難道因為午餐就要功虧一簣了嗎？

我想到梅園附近的一塊荒地，此次前往已經重新整地，也開了一間餐廳，不如打電話碰碰運氣。幸運的是，他們那邊正好有一個大巴士停車位，午餐若能在此享用，大家就有更充裕的時間賞梅，但問題是，這家餐廳的廁所並不適合輪椅使用者。

不死心的我，硬著頭皮打電話到南投縣仁愛鄉公所詢問，鄉公所的小姐告訴我，他們即將在西伯梅園舉辦活動，會放置流動式無障礙廁所，建議我在他們活動期間安排旅遊，如此一來就可以解決廁所的問題。這個方案雖然比一無所有要好，但我知道有些人不敢使用流動式廁所，所以最好還是再找找其他備案。鄉公所的小姐繼續告訴我，那附近好像有個公共廁所，她願意在出差辦活動期間，幫我探一探。

不久後，我收到她傳來的照片，真的有一間廁所！太令人意外了，在那樣的荒郊野地，竟然會有公共廁所。多年前路過此地時，並未發現這棟建築物，就算看到，頂多也只會把它當成工具間，絕對不會聯想到是廁所。多虧鄉公所的小姐消息靈通，我才得知這間秘境廁所。

廁所、午餐與晚餐通通有著落之後，這個行程算是大功告成。但想不到還有意外的驚喜，在我探勘過後，預計安排享用午餐的那間餐廳老闆娘非常好客，加了我的 Line，歡迎我詢問任何問題，我利用這個機會，了解餐廳周邊梅樹的花況。她要我等一下，隨

楊眉苑特色餐廳　南投縣仁愛鄉新生村山林巷177號　☎ 0980-178980

即傳來一張張梅花盛開的照片，我跟朋友看了都讚嘆不已，迫不及待前往賞梅。

出團當天，我們如願看到美景，在餐廳悠閒地享用午餐、欣賞梅花。這個意外的行程，我非常滿意。餐後我們一行人輪著電動輪椅，前往主要的賞梅區，順帶探尋秘境廁所。沒想到抵達廁所之後，卻發現無水可用，原來這個廁所只有在活動期間開放，沒有活動時，水就關了，當下就出現一道難題。好在我的助手阿玲每每在關鍵時刻，發揮敏銳的觀察力。她把手往上一指說：「這不是水塔嗎？」阿玲轉開水閥，大夥兒立即聽見嘩啦嘩啦的水聲，忍不住歡呼：「廁所有水可沖了！」

那次行程相當順利，我給它一百分。不過這個一百分的「賞梅行程」，靠的不是運氣，而是許多人的努力，包括那位鄉公所小姐，耐心跟我確認各種細節，在我不能到現場時，傳送現場的照片給我，還有那位蜜棗果園主人為輪椅族架設木板，以及餐廳老闆娘主動分享花況，才能促成這麼完美的旅程。

從二〇一五年第一次到南投踏查至今，看見有些改變漸漸發生，環境日益友善，對我來說，真是再好不過的回饋了。多年前大家協力播下的種子，如今已經一一開花結果，我感到欣慰，也覺得努力沒有白費，這讓我更想繼續將無障礙旅遊的資訊傳播出去，讓台灣朝向無障礙島的目標前進。

（上圖）楊眉苑餐廳梅園（下圖）南投仁愛鄉西伯梅園

CHAPTER

9

六十石山之旅 一天比兩天從容

在台灣的輪椅團體旅遊中，住宿一直是很大的問題，主要咎因於大部分中小型民宿及旅館少有無障礙房間，而大型飯店的無障礙房又相當有限。由於住宿不方便，許多輪椅族對於過夜行程常常望之卻步，雖然我期待法規制度的修改能增加無障礙房間，但也意識到大環境的改變並非一朝一夕，仍有漫漫長路要走，因此在當上導遊後，我不得不反過來思考，在目前的限制下，是否可能減少住宿問題，

開發一日遊行程，讓擔心住宿的輪椅朋友免除這項煩惱，願意出來走走？

在實際帶團的經驗中，我就曾經將兩天一夜的六十石山之旅改為一日遊。許多人聽到我將兩天的行程濃縮為一天，第一個的疑問都是，這樣不會玩得很趕、很累嗎？會不會大部分的時間都在坐車？去花蓮很遠耶，不過夜，可行嗎？

事實上，二〇一二年第一次規劃六十石山之旅時，我也認為至少必須安排兩天一夜，因為從台北出發，光是坐車的時間，單趟就得花費五、六個小時，來回就需要十幾個小時。當年電氣化火車只到花蓮，花蓮以南只有柴油火車，輪椅座位有限，班次也少，我們必須先坐火車到花蓮，再轉乘復康巴士。但從花蓮市到富里六十石山，尚須兩個半小時，當時山上也還未設置無障礙廁所，大家要先在山下的旅遊服務中心使用廁所，這又會耗掉一些時間，所以上山之後，只能停留兩小時，便得匆匆下山上廁所與用餐。隔天的行程則是從玉長公路轉到花東海線遊玩，接著再回到花蓮市，搭乘火車返回台北。辦了一次之後，我覺得行程不太理想，不能讓大家好好賞花，隔年就停辦了。

直到二〇一四年電氣化火車通行到台東，從台北搭乘普悠瑪號到玉里，只要三個小時，而從玉里搭車前往六十石山，不到一小時就可抵達。整個車程大幅縮短，六十石山的輪椅旅遊因此有了重啟的契機。

我開始設想一日遊的可行性，若能省去住宿的困難，一定會有更多人參加。為了確認這個想法可不可行，我找了一個晴朗的天氣，實際將行程走過一遍。那天我從台北搭乘早上六點三十分的火車，大約九點半到玉里，轉搭計程車到赤柯山之後，接著再到六十石山午餐，我在六十石山停留了三、四個小時，直到傍晚才下山吃晚餐，然後再坐六點半的火車返回台北。若依照這個行程，大家在山上至多可以停留四小時，這樣就可以慢慢欣賞金針花海，不用來匆匆、去匆匆，但前提是山上必須有方便大家使用的廁所，否則為了上廁所，又要限縮在山上的時間。

為了解決廁所的問題，我打電話到花蓮縣政府，經過層層轉接，終於找到承辦六十石山活動的工作人員。我向他說明有一群輪椅朋友想上山賞花，但山上沒有無障礙廁所，不知道能否提供協助？沒想到過程意外順利，這位承辦人員立即安排在六十石山設置兩間無障礙流動廁所。

有主題的玩法　更甚於走馬看花的多點行程

交通跟廁所都解決了，接下來就可以安排行程了。我一向不追求走馬看花的多點行程，而希望大家在精緻的景點充分享受旅遊的美好。事實上，為了找出最適合輪椅朋友的金針花行程，我不只去了六十石山，也實地走訪花蓮赤柯山、台東太麻里等金針花勝地。我自己先去體會這趟旅程玩起會是什麼樣子？包含從台北過去需要多少交通時間？中間有哪些景點可以停留？哪些地方提供無障礙廁所？最重要的是，每到一個景點，我都會觀測當地道路的寬度與坡度是否可以讓輪椅族自由行動。

另外，我也暗暗設下一個目標，希望找到讓輪椅族最貼近花海的地方，如果大家因

六十石山旅遊資訊　可參考本書228頁的介紹

為輪椅的限制，只能遠望花海，那就太可惜了。這也許是我的某種執著吧！我極度重視「靠近」花海這件事，帶大家上陽明山欣賞海芋時，也一定要找到「海芋就在身邊」的地點，讓大家可以就近聞到花香，看見花朵綻放的樣子，留下清楚的特寫照片。

經過一番勘查，最後選擇了六十石山，這裡的坡度比較平緩，方便輪椅移動，同時輪椅朋友也可以輕易接近金針花，直接進入花叢旁邊的小徑。

為了讓大家不只欣賞風景，還能長知識，我特別研讀了許多金針花的知識，在車上先跟大家介紹金針花蕊分為雄蕊與雌蕊，以及分辨的方法，這樣大家一下車看到金針花，就可以實際去觀察，無形中也讓團員多了互動的話題。

起初大家都會質疑大老遠跑到富里，卻

只有一天的行程，是否太浪費？但我認為怎麼玩才是最重要的，先前兩天一夜的行程，看似時間比較長，卻無法好好觀賞金針花，來去匆匆；而後來規劃出的一日遊，反倒能讓大家盡情在六十石山奔馳，也有時間就地品嘗金針花美食。

二〇一五年，我總共帶了五梯次無障礙旅遊團到六十石山，而且因為時間充裕，有團員希望我安排「買名產」的行程，讓他們帶伴手禮回家。為了滿足團員的願望，我探勘過六十石山之後，便開車到山下到處閒晃，尋找適合的店家，結果在附近找到一家提供無障礙廁所的百年米廠——東里碾米工廠，裡面販售各式品種的米，也有當地小農的農產品，頗有特色，後來這裡就成為六十石山之旅必經景點。

開發出六十石山一日遊的行程之後，許多不習慣過夜的朋友紛紛來參加，上山賞花的朋友比以前多了好幾倍，大家見到黃澄澄的金針花海時，都非常雀躍，尤其山上微涼的天氣，更令人心曠神怡，而在地的金針花小吃，也令人懷念，這是一個非常經典的無障礙行程。

東里碾米工廠 無障礙廁所　花蓮縣富里鄉東里村大莊路1號　☎ 03-8861171

CHAPTER 10

宜蘭落羽松大賞

最近幾年，台灣出現追看落羽松的風潮，常常看到網友分享美麗的照片。不想錯過美景的我，自二〇一六年，也開始尋訪台灣的落羽松景點，一邊欣賞，一邊勘查哪裡適合帶輪椅朋友一起去欣賞。二〇一七年，當天氣漸漸轉涼，我又再度到各地蒐集還未拜訪的落羽松景點，其中一次是去宜蘭的蜊埤湖，剛抵達時，並不覺得有什麼特別，因為蜊埤湖看起來小小的，加上天氣陰冷，我根本沒動力下車，不過還是請看護幫忙拍照記錄一下。沒想到她拍回來的照片彷彿人間仙境，我立刻改變主意，決定下車好好欣賞一番，最後竟然拍了一小時的照片，才覺得過癮。

在臉書分享照片時，朋友看見蜊埤湖落羽松的照片，十分欣喜，希望我能開團。我心想等天氣再冷一些，落羽松轉紅，一定會更美，不過在冬天要遇上宜蘭好天氣頗有難度，大部分不是陰天就是雨天。我不斷觀察天氣，等待著適當的時機，一直等到隔年一月，覺得再不舉行的話，落羽松可能就要掉光了。我趕緊安排時間舉辦，消息一公布，一下子就額滿了，看來大家冬天還是很想出去玩。

走遍宜蘭三大落羽松景點

這次活動定名為「落羽松大賞」，希望大家能看到落羽松的各種姿態，以及在不同環境的模樣，所以安排了宜蘭三個落羽松景點。當天活動時，天氣陰陰的，好在沒有下雨，到了宜蘭也還有微微的陽光。雪隧開通之後，台北到宜蘭的車程縮短不少，所以在午餐之前我們仍有相當充裕的時間遊玩。我先帶大家到羅東運動公園，那裡的落羽松就屬東丘最美，有一條小溪，可以看見落羽松的倒影，一大早就有攝影人士準備專業的攝影設備來拍落羽松，這裡也是宜蘭著名的婚紗拍攝聖地。最重要的是，裡面附設無障礙廁所，比較可惜的是，路邊跨越小溪到樹林的通道過窄，輪椅過不去，我們只能環繞外圍到東丘。

中午的用餐地點，我花了一些時間打聽，要找到附設無障礙廁所的餐廳真不容易，很幸運的是，有一次我跟家人到宜蘭傳統藝術中心的「手路菜餐廳」用餐，意外發現餐廳的空間很寬敞、也無門檻阻礙，還有一間無障礙廁所，傳藝中心園區也有多間無障礙廁所可供使用，用餐完畢之後，大家還可以在傳藝中心逛一逛，真是絕佳的用餐地點。

那天抵達餐廳時，工作人員很快就到電梯入口引導，上了二樓，則有專人安排入座。

老爺行旅宜蘭手路菜中餐廳（位於傳統藝術中心宜蘭園區，持身心障礙手冊可免費入園）

宜蘭縣五結鄉季新村五濱路二段201號　☎ 03-9509188　無障礙廁所

上菜時，服務人員也貼心地將每道菜放置於圓桌轉盤邊緣，方便大家取用，服務品質相當優秀，餐點也很精緻，大家都吃得很滿足，直說這次出來根本是豪華團。

下午我們轉往宜蘭三星安農溪旁，這片落羽松林座落在稻田旁邊，可遠眺雪山山脈，視野非常遼闊。我們拜訪的季節稻子已收割，農人在田地上種植波斯菊、向日葵，我們因此意外欣賞到田園花海風光。

落羽松大賞的壓軸是員山蜊埤湖，這裡號稱是宜蘭版的雲山水，不僅是熱門攝影地點，也是個很有靈氣的地方，它位在宜蘭先人的居住地旁邊，也就是員山福園（宜蘭縣立殯葬管理所），算是公家單位，所以附設無障礙廁所。

不過當天有個小插曲，有朋友有忌諱不想下車，也有人不敢去上廁所，其實在安排行程時，我有想到這個問題，但這裡真的很美，錯過太可惜，而且我們人數眾多，大家在一起可以壯膽，所以還是列入行程。雖然少數朋友待在車上，但大部分的朋友下車靠近湖邊時，立即被眼前的美景震撼，拍照拍到忘記集合的時間，有人說好像童話故事般夢幻，也有人說彷彿到了加拿大。這裡的落羽松並不密集，而是疏落有致地排列在湖邊，井然有序地倒映在湖邊，就像一幅優美的圖畫，令人望之悠然暢懷。

另類的餐廳選擇——婚宴會館

晚餐部分，我一直希望在宜蘭市找一間附設無障礙廁所的餐廳，打了幾通電話詢問政府單位，仍然沒有適合的餐廳，我轉而請司機大哥阿松推薦，他建議我試試婚宴餐廳，那些餐廳的場地夠大，也許會有無障礙廁所。

我於是上網查詢宜蘭的婚宴餐廳，一家家打電話詢問，問過一輪之後，終於找到附設無障礙廁所的品華會館，我進一步詢問廁所門寬，得知有八十公分寬時，相當開心，但還是希望眼見為憑，安排了一天開車去現場查看，一開始很失望，因為櫃檯人員告訴我的那間廁所，雖然是推拉門設計，但門寬才六十幾公分，大型電動輪椅還是進不去，正在懊惱怎麼和電話中的回答有落差時，老闆現身了，他說餐廳最裡面還有廁所，原來真正的無障礙廁所在裡面，看過之後，心中的那塊大石頭終於放下。

那天晚餐大家吃起來很從容，婚宴餐廳確實比一般餐廳寬敞，平日客人也不多，所以輪椅移動起來，相當方便，不僅有方便的廁所可使用，小台輪椅還可以使用門寬六十幾公分那間廁所，節省了不少等候的時間。那一次，我們在一天之內欣賞了宜蘭三處的落羽松景點，還享用了兩頓大餐，大家回來分享照片，發現落羽松拍照起來，真是很有意境呢！

品華會館 ♿ 無障礙廁所 宜蘭縣宜蘭市中山路五段477號 ☎ 03-9280608

CHAPTER

11 日月潭泡湯、遊湖與搭纜車之旅

日月潭是台灣無障礙設施規劃最好的景點，水陸空都有無障礙設施。陸的部分，有一條沿著潭邊鋪設的自行車道，被CNN評價為全球最美十大自行車道之一，也可以選擇環湖低地板公車，用公車的高度欣賞湖邊美景。如果想更貼近日月潭，則可搭乘無障礙遊艇遊湖，領略湖光水色，這是水的部分。空中的玩法則是搭乘連結日月潭伊達邵和九族文化村的日月潭纜車，鳥瞰日月潭全景以及埔里盆地。

適合輪椅族泡湯的飯店

日月潭的無障礙設施相當齊全，可以玩的景點很多，我通常安排兩天一夜的行程，讓大家玩個夠，而且它最美的時刻是傍晚與早晨，如果不住在日月潭風景區裡面，就

會錯過這最美的時刻，因此我一定會選擇住在日月潭的飯店，雖然費用較為高昂，但是能在日月潭觀賞日出，是非常美好的體驗，也能省去住宿與景點之間的交通時間，玩起來更為悠閒。

日月潭部分飯店有溫泉設施，許多朋友也喜歡泡溫泉，但常常礙於溫泉池的設計而無法使用。輪椅使用者在泡溫泉時最常遇到的是溫泉池的入口採用階梯設計，這雖方便一般人踩著階梯進入池子，對輪椅朋友卻相當不便，導致輪椅朋友難以移位到池子裡面。甚至連溫泉飯店當中的無障礙房間，溫泉池大多也採用游泳池那種低於地板的作法，使得我們雖然住在無障礙房間，但泡溫泉卻有障礙的情況。

對我來說，住在溫泉飯店卻不能泡溫泉，實在太奇怪也太可惜了，我一直在尋找兩全其美的飯店，既有適合輪椅族入住的通用房間，也有適合輪椅朋友的溫泉設施。在平日不斷蒐集情報之下，有一天我終於找到符合上述兩項要求的飯店——馥麗溫泉大飯店。這家飯店的房間採用一般浴缸，蓮蓬頭打開就是溫泉水，可供輪椅朋友以淋浴或泡澡的方式使用溫泉，這正是我夢寐以求的設施，如果能帶大家去體驗，一定會讓人很開心。

不過一開始並不順利，飯店人員一聽到我們一團有十八個輪椅族，直接回覆沒有足夠的洗澡椅，也沒有無障礙房可以接待我們。雖然吃了閉門羹，但我仍不死心，以前詢問這家飯店一般房的門寬及廁所門寬尺寸時，就知道他們的一般房是可以讓輪椅族使用的通用房間，我告訴對方，若一般房的衛浴放置一張洗澡椅，我們就可以入住，未必需要規格齊全的無障礙房。為此我還特地親自去飯店，當面跟飯店主管溝通，讓他理解我們的需求，隨後終於順利訂到房間。

二〇一七年二月，我帶著十八個團員，展開九族—日月潭兩天一日遊，原本一切都很順利，但中間卻發生了一段小插曲，就在我準備帶大家從九族文化村搭乘纜車到日月潭時，有位團員的電動輪椅出現異狀，莫名地偏向一邊，有可能是馬達故障。出來玩，最怕電動輪椅出問題，我通常都會多帶一台手推輪椅備用，但這才只是行程的第一天上午，若電動輪椅不能使用，接下來這位團員就很不方便了。

正當我煩惱該怎麼辦時，突然想到出發前一天，朋友提起一名電動輪椅的廠商今天要來九族文化村，如果能請他幫忙就好了。感謝神的預備，廠商老闆就住在南投，隔天他立即從家中帶了一顆二手馬達來日月潭替這位朋友更換，化解了這場緊急危機。

日月潭旅遊資訊　可參考本書200頁的介紹

自助式餐飲無障礙

第一天傍晚時分，我帶大夥兒入住飯店，由於先前的溝通經驗有些不順暢，我對這家飯店抱著持平的態度，並未有過高的期待，實際入住之後，卻感到驚豔。除了房間的浴缸可以讓大家泡溫泉之外，用餐部分，飯店也相當用心，服務人員特地為我們保留一整區的空間，讓我們可以方便享用buffet。之前入住的一些飯店，很多雖然提供自助式餐點，但遇到輪椅團都建議改為桌菜，因為餐廳空間過小，但馥麗飯店在服務上，對輪椅族卻不打折，想方設法讓我們與其他客人享用相同規格的餐點。同時他們的服務也很優質，只要我們稍微移動一下輪椅，服務生就馬上過來詢問我們需要什麼，相當周到，也令我對這家飯店刮目相看。

第二天，我跟三位團員起了個大早，希望能看到日出，但飯店人員說剛剛才下了一場大雨，雲層很厚，不知道太陽賞不賞臉？雖然如此，我們還是按照原訂計劃，出發到觀賞日出的地點，等待太陽露臉。左等右等，七點多時，太陽從雲縫和山間冒出，大家發出歡呼的聲音，大叫「太陽出來了」，真是上帝給予的美好禮物。

用過早餐之後，我帶領團員搭乘「聖愛貳號」遊湖，這是特別加大門寬、設置輪椅進出的斜坡板及固定鉤的無障礙遊艇，可是船長看到我們一團人，大聲說：「不行啦，你們會坐不下。」一副要阻擋我們上船的姿態，語氣與態度都令人不悅，船長認為我們的輪椅數太多，船上空間放不下，我解釋有些團員可以移位，輪椅可以收折起來，我們事

馥麗溫泉大飯店 ♿ 無障礙廁所 ☗ 南投縣魚池鄉中山路250-2號 ☎ 04-92856698

先都有計算過，一定可以全部上船，另外，我也說明先前帶團來日月潭時，也是這樣操作。花了一番功夫溝通後，全數十八人都上了遊艇，最後還有兩個位置讓臨時加入的兩位輪椅朋友乘坐。這個例子再度說明，許多人因為對輪椅不熟悉，總是先入為主地說「不行」，一定得再三溝通，實際證明給他看，對方才會相信。

當遊艇抵達伊達邵碼頭時，我趁大家上廁所期間，先去中午預定的餐廳確認場地，哪知一到餐廳門口，卻發現有人家搭棚辦喪事，擋住了餐廳斜坡道的出入口。我心想：「糟糕，怎麼會發生這種事！」情急之下，腦中開始搜尋過往的勘查記憶，想起之前查看的另一家餐廳就在附近，趕緊確認餐廳座位，才解決了用餐問題。還好平時累積很多勘景的經驗與資料，才能處理突發狀況，也感謝神在當中帶領。

午餐過後我們前往向山遊客中心，向山遊客中心是由日本團隊設計，以環抱日月潭為意象，由兩棟彎曲建築物組成，相當別緻，附近還有無障礙眺望平台。不料當我們抵達時，卻下起了大雨，好在大家遊興不減，依然開心地在遊客中心裡面吃茶葉蛋和冰淇淋，一邊休息，一邊聊天，不知不覺時間就過去了，雨也停了，我趕緊吆喝大家去眺望平台拍照。回程我們順路到台中清水休息站享用晚餐，那裡的無障礙設施較為完備，也有各式餐點能讓大家選擇，一切都在上帝美好的安排下完成。

CHAPTER

12

愛上杉林溪

杉林溪位於南投山區，距離溪頭僅十七公里，但早期我對杉林溪的印象並不好。曾經為了看鬱金香，找朋友開車一起上山，結果到了杉林溪園區，卻必須轉乘遊園車，遊園車又沒有無障礙設施，必須爬行上車，花況也沒有預期好，而且大部分都在室內。相較之下，路程較近的山下景點，如桃源仙谷、中社花市，反而較為賞心悅目。此外，杉林溪雖有壯闊的松瀧岩瀑布，但必須通過層層階梯才能抵達，當我獨自前往時，完全無法接近松瀧岩瀑布。因此，雖然我曾經舉辦過溪頭輪椅旅遊團，卻沒有將杉林溪列為行程。

二〇一七年十月，為了追水杉，再度拜訪杉林溪。可能是職業病吧！就算是自己出遊，我還是習慣性地詢問當地的無障礙設施，那一次我跑去杉林溪主題會館詢問無障礙房間的設施時，無意間發現電視牆上播放的杉林溪簡介，出現了美麗的粉色櫻花，我好奇地詢問何時可以看見這樣的美景，在得知二月為花季之後，我便計畫隔年舉辦杉林溪賞花之旅。

由於杉林溪位於山區，因此我採用福斯大T巴士出團，以六位團員為限，這樣行經山路時，會比搭乘大型遊覽車舒服，也較為安全。原本計畫舉辦兩團，一團平日，一團假日，也早早預定了房間。但二〇一八年二月六日，花蓮發生大地震，影響了團員的心情，假日團湊不足六人，只好取消，好在平日團仍順利於二月底成行。

出發前一週，台灣各地都是好天氣，久違的陽光，讓夥伴出遊的興致相當高昂，但不巧的是，就在出發前兩天，氣象局卻預報連日的好天氣即將結束，二月底將有鋒面到

杉林溪旅遊資訊　可參考本書208頁的介紹

來，天氣會變得不穩定。面對這個壞消息，我只能不斷禱告，祈求天氣不要太差。

感謝神，兩天下來，行程完全不受影響。第一天早上不到十點半，我們就抵達妖怪村，準備在此遊覽並享用午餐。因為遊客不多，我跟大家說可以先拍照，再一同去買當地知名的咬人貓麵包。咬人貓麵包是限量的，必須領取號碼牌才能購買，當我們去排隊時，前面已有一大群學生在排隊了，輪到我們時，號碼牌已經領完，但我發現，就算領到號碼牌，店家門口的階梯也令輪椅族無法進入，所以我也趁機向店家反映這個問題，希望他們考量到輪椅使用者的需求。

用過午餐，買了咬人貓蛋塔當甜點後，我請大家快快上車，前往杉林溪。因為晚上臨時增加了賞螢活動，必須提前使用晚餐。下午一點半，抵達杉林溪，身障者若是自己入園，就需要像我之前那樣轉搭遊園車，若是團體，則可申請原車入園。早在出發之前，我就已經申請好手續，所以當天直接原車進入園區。*

粉紅櫻花與螢火蟲的驚喜

我們先在藥花園及花卉中心停留欣賞鬱金香，隨後大家沿途尋找粉紅櫻花，在回到杉林溪主題會館的路上，滿滿是盛開的粉紅櫻花，遠遠看像一朵朵繡球，近看卻是一朵朵五瓣櫻花，團員喜出望外，直呼比武陵農場還要漂亮。

大家回房稍微休息後，晚餐於飯店享用，接下來就準備去看螢火蟲了。說起來真是

* 預計2018年12月以後會有無障礙遊園車

幸運，一般熟知的賞螢季節，大約在四、五月，杉林溪因為保有原始環境，吸引了各種螢火蟲，加上未噴灑農藥，因此一年四季都有不同的螢火蟲，就連冬天也有。我在出發前上網查詢花況時，不經意於杉林溪的粉絲頁得知目前開放賞螢，便立即加入行程。

雖然天色漸暗，大夥兒仍精神奕奕輪著輪椅到青龍步道和導覽老師會合。沒走幾步路，就看見樹林間一閃一閃的螢火蟲發光著，導覽老師向我們介紹這是冬天的螢火蟲，叫做神木螢，牠們只有半小時的體力尋找女伴，公的會飛來飛去，找尋草叢中的女伴。大家聽了都覺得好有趣。

隔天，也就是氣象局預報會變天的那一日，一早氣溫還有十一度，不至於太冷，也還算舒適，我們按照原訂計畫，去走青龍步道，去看青龍瀑布。一路上，烏雲密布，還好沒有下雨，拍照時還有陽光為我們打光呢！

午餐後，我們下山回到竹山交流道口，順道購買當地有名的烏龍茶霜淇淋，熱情的老闆請我們試吃熟茶與生茶兩種口味，正當吃得津津有味時，天空下起了大雨，上高速公路後，雨滴忽大忽小，我很擔心接下來的后里中社花市賞花行程無法順利進行。感恩的是，到了中社時，地竟然是乾的，大家又可以盡情賞花與拍照了，當我們結束中社的行程前往麗寶outlet時，路上還有紅通通的夕陽呢！到麗寶用餐時也沒下雨，還可以和全台最大的摩天輪合照。

再次感謝神的保守與供應，讓我們完成了完美的浪漫旅程，朋友在回程車上分享這次的出遊心情時，還說杉林溪的粉紅櫻花，讓她找回往日失落的少女情懷。

這次的行程我相當滿意，尤其又發現了一個未曾想過的旅遊路線。唯一美中不足的是住宿，雖然杉林溪主題會館有三間無障礙雙人房，但由於房間走道過窄，兩台輪椅入住，不管出入房間或浴室都會互卡，上床的動線也因為走道過窄，僅能從床尾上床，使用起來不甚方便，這樣的房間比較適合一個陪伴者加上一位輪椅使用者入住。

CHAPTER 13

坐輪椅也能採草莓

每年十二月是台灣草莓收成的季節，一直到隔年三月，全台各地的草莓園，常常擠滿採草莓的人潮，尤其苗栗大湖，更是台灣草莓重鎮，吸引著南下北上的觀光客。

自從坐上輪椅之後，我就沒有採過草莓了，因為草莓一般都種在地上，輪椅朋友不方便蹲下及彎腰摘採。有一年，開車路過苗栗大湖時，看到了高架草莓園，我猜想這個高度或許適合輪椅朋友摘採，可以試著開發輪椅草莓團，但那時已接近採收尾聲，草莓所剩不多，若開團，也採不到幾顆，只好等待下一次草莓季再來探訪。

隔年草莓季一到，我立即驅車前往苗栗，一家一家拜訪高架草莓園，但參觀之後覺得都不太理想，不是有階梯，就是走道太窄，幾乎快要放棄時，赫然發現名芫草莓農場，這家草莓園的走道夠寬，大小台輪椅都能進到草莓園，若是有人想推娃娃車進來，也沒問題。

發現這個好地方之後，我立即辦了一團大湖草莓無障礙旅遊團，並且連續兩年舉辦。第一年開團時，從入口下斜坡到草莓園尚有一道門檻需要克服，我還自行攜帶斜坡板，結果老闆看見我們一行人前來之後，發現斜坡板之必要，第二年就自行添加斜坡板，而這家草莓園也傳出口碑，吸引許多輪椅朋友前來。

不過，稍嫌可惜的是，那家草莓園的廁所並不方便輪椅朋友使用，我們必須先到雪霸國家公園汶水遊客中心上廁所之後，才能去草莓園，這樣一上一下就耗去不少時間，因此這幾年來，我持續尋覓其他適合輪椅朋友前往的草莓園，一來是因為若僅有一家草莓園適合，那麼當草莓採完時，我們就沒有其他選擇了，二來是，若能找到方便輪椅朋友使用的廁所，這樣大家採草莓就可以更盡興，不用為了上廁所反覆移動。

在某次探勘草莓園回台北之後，我突然想到沿途另一家草莓園也是高架，打電話過去詢問時，對方回答：「我們這邊輪椅可以來啦！」但我仍擔心彼此的認知有落差，請求對方傳照片給我看，因為我曾遇過老闆在電話上說他們的廁所輪椅族可以使用，現場

名芫草莓農場 苗栗縣大湖鄉富興村法雲寺36號 ☎ 03-7992763

卻發現並不方便的狀況。為了避免這種情形發生，我養成了「有照片有真相」的習慣，只要沒去過的地方，都會請對方給我看照片。但那次很不巧，我和草莓園老闆剛好都錯過彼此的電話，無法取得照片。放心不下的我，決定再殺去苗栗勘查，到了草莓園，確認是無障礙廁所之後，我內心非常愉快，老闆說：「以前輪椅族來，看他們上廁所很辛苦，所以就另外做了一間無障礙廁所。」

老闆的心意令我感動，但我依然希望這個廁所可以更符合輪椅朋友的需求，建議他將固定式欄杆改為活動式欄杆，這樣大家在移位時會更方便。老闆為人也很好，並沒有覺得我囉唆，而是耐心傾聽我們的需求，還說廁所設施要再做得更好，輪椅可以行走的草莓園步道範圍，也要再更寬廣一些。

預留輪椅區　避免「搶草莓」

這幾年操作下來，我對於草莓行程更能掌握了，安排輪椅團體的草莓行程時，不只需要注意入口及園區通道是否方便輪通行、廁所是否方便等等，還要注意「有沒有草莓可採」。輪椅使用者不像一般遊客可以隨意穿梭在草莓園各處，草莓園當中可供輪椅進出的園區，通常只有局部區域，因此出發前，除了請老闆事先保留一塊區域供輪椅族使用之外，也必須跟園主確認這塊區域當中，草莓的結果與採收情形。

最好也能了解近期是否有其他輪椅團體前來，盡量錯開時間，目前台灣適合輪椅族

六合草莓園　無障礙廁所　苗栗縣大湖鄉富興村7鄰水尾2-23號　☎ 03-7993521

採草莓的果園不多，全台各地輪椅團都去那幾家，很容易變成「搶草莓」的狀況。有一次，在出發前幾天，我突然發現有一個輪椅團體要去採草莓，我煩惱了好幾天都睡不著覺，擔心他們要去同一座草莓園，好在老闆有為我們保留採草莓的區域。很希望有更多業者規劃適合輪椅朋友的環境，讓我們可以避免這樣的情形。最後要提醒的是，由於草莓屬於季節性旅遊，草莓季會湧入大量旅客，輪椅朋友出遊最好選擇平日為佳，可避開假日的一般遊客，避免過度擁擠。

CHAPTER

14

他們快樂 我就快樂——無障礙巴士司機阿松

在無障礙旅遊圈，有位無人不知的好好先生──阿松大哥。他擔任無障礙巴士司機已經十五年了，在無障礙概念還不普及的年代，就已投入這一行，服務過各式各樣的輪椅族。每個被他載過的人，無不對他豎起大拇指，頻頻稱讚：「他真的很貼心，而且永遠面帶笑容。」輪椅導遊黃欣儀，更說他是身障者的天使，因為他，他們才能玩得安心又愉快，因為他，他們一群人才能玩遍台灣。

現年五十多歲的阿松大哥，二十三歲踏入司機這一行，起初開的是計程車，後來轉為收入較為穩定的公車司機，但過了幾年，阿松覺得每天行駛相同的路線，生活顯得一成不變，他決定再次轉職，成為遊覽車司機。

當時公司承攬了特教學校的復康巴士業務，阿松一到公司，就被指派負責這條路線，載送輪椅學生上下學。那是阿松生平第一次與復康巴士相遇，在此之前，他從未服務過輪椅朋友，也從沒看過這種有升降機的巴士。由於什麼都不懂、也沒人可問，阿松只好硬著頭皮，一步一步從頭學起。靈巧的他，沒過多久，就熟悉了復康巴士的操作與駕駛，每天都安全地把學生載到學校，相當令人放心。

不過這台復康巴士僅用於平日載送學生，假日大半都閒置，阿松覺得有些可惜，向老闆提議週末利用這台車，載人出去旅遊。老闆欣然同意，阿松就這麼當起了假日旅遊司機。

一開始他載的是一般遊客，當時大家還不知道這台車的功用，所以每次出去，阿松都把握機會，跟大家介紹：「這台車可以載輪椅喔！」路過的民眾看到，也嘖嘖稱奇：

「原來有這種升降機的車子啊！」阿松傻傻地推廣著，沒有算計太多，沒想到後來真的有大學身障社團找上門，請阿松載他們出遊。看見身障朋友出遊開心的模樣，阿松深深感受到金錢以外的成就感，他第一次發現，原來當司機，也可以幫助許多人，他的服務熱忱因此被燃起，同時他也暗自決定，在未來的人生路上，一定要長期服務這群人。

幾年後，在沒有任何補助下，他自行貸款了好幾百萬，購買了一台無障礙巴士。同行都覺得阿松很天真，擔任無障礙司機不僅辛苦，而且市場需求也有限，大費周章購買復康遊覽車，真的可行嗎？會不會血本無歸？

縱使旁人充滿懷疑，阿松的心卻很堅定，他覺得如果是自己的車，就可以全心全意服務身障朋友，不用受限於公司和特教學校的約定，上學日無法出車；而且他還設想，只要貸款繳清，就要以較為優惠的價格租給輪椅朋友，如此一來，又可以減輕大家出遊的負擔。

有了新車之後，阿松第一個合作的對象就是輪椅導遊黃欣儀。那時欣儀剛考上導遊不久，正想開發無障礙旅遊團，但是要成功執行，首要之務是找到能夠配合的無障礙遊覽車，就在她四處打聽時，一位身障生的家長將阿松介紹給欣儀，而阿松也不負家長的推薦，欣儀跟他合作過一次之後，就發現阿松是不可多得的好司機，不僅開車技術純熟，也充滿服務熱忱。從此欣儀與阿松就成了無障礙旅遊的最佳拍檔，只要有阿松在，欣儀就能專注地當好導遊的工作，不必擔心團員上下車的問題；而有欣儀在，阿松也能安心開車，不用擔憂行程有太多意外狀況。

笑不用錢　但很值錢

阿松細心體貼的服務，慢慢傳出了口碑，越來越多人找他出車，不管是商業性的無障礙旅遊團、非營利組織的團體出遊、視察、安養院老人出遊、輪椅朋友相約出遊，大家都指名找阿松，到後來，都要提早預約才能坐到阿松的車。當初不看好阿松的人，現在都對阿松另眼相看了。

雖然客戶越來越穩定，但這份工作從來都不輕鬆，每次一停好車，阿松就必須趕到升降機入口，服務十台至二十台輪椅，而當大家從景點回來時，他也得一一把大家安全送上遊覽車，一來一往，常常一小時就過去了。這份耗費體力的工作遇上嚴寒或褥熱的天氣，就更加辛苦了，很多司機代班過一次，就不敢再接輪椅旅遊團了。

除了體力上的辛勞之外，擔任無障礙巴士司機，也需要相當多專業知識，駕駛時要考慮輪椅在車上的狀況，不能快速踩油門，也不能緊急煞車，在下坡路段時，更要慢慢行駛，以免輪椅搖晃、滑行。無障礙司機也常常需要協助輪椅乘客上下車，因此阿松對於各種型號、廠牌的電動輪椅，要如何收折、打開，或如何改成手動，都要一一學習與了解。

除此之外，還要懂得排除故障，因為無障礙巴士的升降機如同輪椅族的雙腳，如果故障了，整個旅程就會泡湯。阿松因為年輕時當過引擎室的船員，修理過冷凍機、船的主機、發電機，懂得機械的原理，所以當升降機故障時，他都能順利排除，現在同業遇

復康遊覽車的停車地點，要預留升降機放置的空間，也要預留輪椅移動的空間

到故障時，也會打電話請教他。

阿松大哥既是無障礙巴士司機的資深前輩，也是改善台灣無障礙環境的功臣。每當發現休息站、停車場的設計，不方便無障礙巴士停靠或不便於讓乘客上下車時，阿松就會去反映，他說：「雖然很多休息站都有無障礙巴士的停車格，但卻沒有預留升降機的空間，輪椅朋友根本上不去，也下不來。」只要遇到有障礙的空間，阿松就會跟相關單位溝通，這幾年下來，也改善了台灣不少私人與公家停車場的環境。

不過阿松雖然是無障礙巴士司機先鋒，然而經過了這麼多年，目前投入這一行的司機仍然相當有限，欣儀說：「真的太辛苦了，即便多付一點錢，也不容易找到願意服務的司機。」

問起阿松大哥，這份工作那麼辛苦，他為什麼可以永遠保持微笑？他笑笑地說：「笑不用錢，但很值錢。」他相信人們的心情是會互相感染的，如果他擺張臭臉，旁人玩起來肯定有壓力，但只要他保持愉快，別人一定也能感受到歡樂氣氛，而覺得輕鬆自在。他之所以樂在其中，是因為服務他人本來就是他的願望、他的夢想，他說：「看到他們快樂，我就快樂。」

CHAPTER

15

到日本實現無障礙旅遊

日本的無障礙設施是世界數一數二的，無論是大眾運輸、公共廁所、道路、景點的無障礙設施，都相當完善，是一個對於輪椅使用者相當友善的國家，我一直希望有一天能去日本看看。

二〇一三年初，我參加了八福協會的日本九州賞櫻之旅，旅程當中有一天是自由行，我便趁著那天跑去車站參觀。在這之前，就很想嘗試日本自由行，但因為不會講日文，擔心溝通上有障礙，這次為了參觀車站，硬著頭皮用簡單的英文沿途問路，最後成功抵達車站。這讓我覺得在日本自由行並不困難，同年六月就自己去大阪。

記得第一次去日本自由行時，最頭痛的是交通，因為複雜的電車系統令人害怕。好在站務人員很熱心，每次去找他們，只要說明我要去的站別或景點，他們就會指出明確的方向，有空時，甚至會直接帶我去轉乘。另外，日本電車部分月台與車身有落差，需

1. 神戶植物園
2. 在關西機場轉乘無障礙巴士
3. 日本的無障礙巴士

要請站務人員協助拿斜坡板，所以我也學會搭車時，一定要找站務人員，確保上下車的協助。有過幾次經驗之後，就不害怕搭日本電車了。

在日本旅遊時，我真切感受它們在各方面的設計對輪椅族都十分友善，在大馬路上不用與車爭道，要找到無障礙廁所也不難，幾乎每個景點都有設置，甚至山區景點也有，就連部分便利商店也有無障礙廁所，而許多景點，也都有無障礙坡道，就算是百年古蹟，也考慮到輪椅使用者。

與日本最大旅行社JTB合作無障礙旅遊團

這麼友善的環境，讓我很快就愛上日本，接下來每年至少都會去日本一次。輪椅朋友看到我常去日本，很希望同行，但我考量多台輪椅的自由行，會有一些阻礙，比如等待地鐵電梯的時間過長、電車空間有限、安全問題等等，總覺得由旅行社安排行程，比較安全，也較能確保旅遊品質，若遇上突發狀況，也有充足的資源協助。為此，我積極尋找旅行社，希望找到能與日本當地接應公司配合良好的旅行社，因為無障礙旅遊團需要大量的溝通與協調，如果彼此的默契與信任感不足，溝通很容易出現落差，實際執行將會問題重重。

在尋覓過程中，我發現日本最大旅行社JTB在台灣設有分公司，若日本與台灣的旅行社是同一家公司，雙方的溝通應該會比較順暢，也比較清楚如何相互配合。在完全沒有相關人脈的情況下，我直接打電話詢問，很感謝的是，遇到一位非常願意協助的櫃檯業務。當時JTB還沒有接待無障礙旅遊團的經驗，也沒有相關行程，但這位業務卻沒有回絕我，反而請求他的主管協助我們。就這樣，從二〇一五年起，我開始和JTB台灣世帝喜旅行社合作日本無障礙旅遊團，帶領台灣的輪椅朋友去日本玩。

第一場操作的無障礙日本團，是關西賞楓五日遊。對日本人來說，秋天賞楓是著名的活動，他們最喜歡去東北和京都，但東北的住宿條件對輪椅團體並不是那麼方便，位於關西的京都，大家就比較熟悉了。曾坐輪椅去京都自由行的我，發現京都的路況對電動輪椅相當耗電，我擔心採用自由行，會中途沒電，加上那時是秋天，在外面推著輪椅，冷風迎面，玩起來會比較辛苦，如果採用遊覽車的團體旅遊，應該會輕鬆許多。

我很快告知朋友相關訊息，除了自己熟識的幾位朋友之外，其餘新認識而有意願參加的朋友，我逐一詢問他們的身體狀況、使用的電動輪椅型號、電池大小等等，一一統計與記錄，再將相關資料傳送給旅行社與航空公司。

由於是第一次團體搭飛機，我們非常小心謹慎，也努力準備充分，但仍發生了臨時狀況。出發前幾天，華航來信說不能拖運大顆電池，要我們換成小顆電池，這非同小可，有人可能因此無法出國，我們緊急溝通，幸好最後順利解決。經歷這次事件之後，我後來都優先選擇長榮航空，因為每次我向長榮航空詢問電動輪椅鋰電池託運事宜時，他們客服的回覆都相當一致，不會因人而異。此外，長榮有自己的地勤單位，機場輪椅的協助快速許多。

日本當地交通方面，那次的無障礙遊覽車使用到兩家供應商，一家提供六座輪椅位置、一家四座，也就是說只能容納四位或六位固定輪椅座位，其餘都需要移位與收折輪椅，而參加的輪椅朋友總共有十七位，真是一大考驗。我們花了很多心思安排座位，同時也花了不少心力統計每個輪椅的款式，確立收折順序，好讓所有輪椅都能上車。

在住宿方面，第一次帶大家去關西賞楓時，預訂到的飯店沒有無障礙客房，所以我們也花了許多時間，確認一般房的衛浴門寬是否能讓輪椅通行。由於衛浴門寬僅容小輪椅出入，因此安排一大一小輪椅住在一起，好讓大輪椅可以借用小輪椅進入浴室。

在台灣，我通常會安排適合輪椅使用的飯店，但因為第一次操作國外團，太晚訂房，一行人住到了神戶和琵琶湖。琵琶湖的小木屋和我預期的落差很大，房間內部隔了好幾道門，彷彿在考驗輪椅使用者的駕駛技術。雖然住宿狀況不夠理想，但琵琶湖的無障礙設施彌補了這份遺憾。那裡的遊船有電梯，也有無障礙廁所，因此我們選擇坐船遊湖，大家在甲板上餵鴿子，超開心的。

體驗身障者的住宿天堂

第一次日本無障礙旅遊團的操作，我除了教導旅行社蒐集參加者的需求與電動輪椅的資訊之外，也和旅行社確認飯店、交通、景點和餐廳的無障礙設施。在行程的部分，我則推薦自己去過的景點供他們參考，雙方再共同討論，在一來一往的溝通過程中，旅行社漸漸了解輪椅旅遊團的行前操作與現場執行細節。旅遊回來之後，我們檢討了美中不足的部分，希望隔年的行程能有所改善。

有鑑於第一次住宿的不便，第二次我請旅行社提早預訂大阪的無障礙住宿，我們找到了國際身障交流中心BiG-I，這是專門提供給身障者住宿、開會與交流的地方，每一個房間都是無障礙房，大家使用起來，會非常自在舒適。但這裡非常熱門，必須提早預訂，我請旅行社在出發前一年，就先預約房間，讓全體團員都能住進無障礙房。

這個身障會館不僅間間無障礙房，還有適用不同障礙狀況的房間，像是有些房間設有吊引設施，可以將人吊到床上，適用於不易移位的人。這次出發前，我們逐一確認每個人的需求，根據每個人的狀況安排不同房間，像是有位團員是脊髓損傷者，這是他第一次在沒有陪伴者的狀況下出遊，他想試試自己是否能夠獨自參加無障礙旅遊團，他的需求是住宿房間的馬桶旁邊要有水龍頭。這是因為脊髓損傷者是用水刺激肛門排便，因此馬桶旁需要可接水管的水龍頭。旅行社特別根據他的需求，詢問身障會館何種房間比較合適，最後給予了重度障礙者房間。這個房間的浴室很大，淋浴間與廁所之間也有排水溝，若在馬桶上洗澡，應該能排水，然而當這位團員使用時，卻發現水流會溢向房間，最後只好換成一般無障礙房型，這也顯示無障礙房間的設計需要考慮的細節很多。除此之外，所有團員都住得很開心，紛紛表示這裡根本是輪椅族的天堂。

第一次的日本團經驗，讓我知道無障礙旅遊團的住宿與交通安排，必須比一般團更為提早，因此第二次也提早訂到六座輪椅席的遊覽車，航空公司也指定長榮航空。第二

國際身障交流中心（www.big-i.jp）

International communication center for Persons with Disabilities

大阪府堺市南区茶山台1-8-1

次出遊比起第一次，更為完善，大家回來都很開心。

二〇一七年，我再度舉辦大阪賞櫻之旅，第三次與JTB合作，令人開心的是，JTB越來越理解輪椅朋友的需求，行程與餐廳一年比一年好，提供了許多貼心服務，像是安排櫻花樹下的饗宴，關西機場的長榮航空還印製機場合照給我們留念。遊覽車換了一家也是六座的，司機和隨車人員都很好。這幾年跟JTB旅行社合作，最大的收穫就是讓旅行社看見輪椅旅遊是可行的。最初他們還不確定無障礙旅遊團可不可行，但一起合作三次之後，他們漸漸相信，也願意配合推廣無障礙旅遊，如果未來能有固定出團的行程，那就更好了。

BiG-I

日本勞動厚生省於2001年，為了促進障礙者的社會參與而設立的交流基地。

距離關西機場僅一小時的車程，全館皆為無障礙環境，同時考慮身障、視障及聽障者的需求而設計，設施包含了會議廳、研習教室、客房與餐廳，是團體旅遊的最佳選擇。

- **客房**

  房間數｜35間客房，都是無障礙房，網頁上附有各種房型的室內設計圖。

  訂房｜可線上查詢空房及訂房。非常熱門，要及早預訂，若團體旅遊，須一年前預訂。

- **餐廳**

  座位｜西餐式方桌，共有50個座位。

  營業時間｜供應早、午、晚餐。

  餐點｜日本料理、牛排、漢堡、義大利麵、咖哩、三明治，也有甜點和飲料。

CHAPTER 16

活動側記

跟著輪椅導遊到新社賞花

凌晨三點，鬧鐘響起，欣儀不疾不徐地起床，先拿起聖經閱讀禱告，接著再梳妝打扮、整理用具，準備迎接今天的旅遊行程。

早上五點，她傳Line給大家，提醒大家：「早安，起床囉！」

六點二十分，一台又一台的輪椅從中正紀念堂捷運站駛向復康巴士，欣儀與助理阿玲早已準備好黑糖饅頭夾蛋，等候大家前來，司機阿松大哥也打開遊覽車側邊的升降機，準備將大家一一送上車。

「小台輪椅、可移位者先上，大台的再等一下。」欣儀嫻熟地在旁指揮上車順序。這次的新社之旅總共有十六位參加者，其中十位是直接坐在電動輪椅上，其他二位則將輪椅收折之後，移位到一般座位，其餘則為陪伴者。每位參加者都相當清楚上車的規則，可以先上車的，就先上車，其他使用大台輪椅的參加者，就在車外聊天等候。

升降機一次僅容一台輪椅，阿松大哥極有耐心地上上下下操作升降機，將一台又一台的輪椅送上車廂。早起運動的民眾路過時，停下了腳步，好奇地看著這個特殊的升降設備，對阿松大哥說：「原來有這種東西！看起來挺方便的，想不到可以把輪椅這樣運到遊覽車！」

半小時後，全部的人已就定位，阿松大哥啟動引擎，坐在第一排的欣儀，拿起麥克風：「各位好，歡迎大家來參加今天的台中新社花海之旅。每到冬天，我就想安排中南部的旅遊團，最近台北都是陰冷潮濕的天氣，上週我到中南部勘查景點五天，每天都被太陽曬得暖洋洋的，非常舒服，也想讓大家去曬曬太陽，所以特別趕在花季開放時，帶大家到台中新社。」

欣儀清楚悅耳的聲音，宛如廣播主持人，讓一大早起床參加旅遊團的輪椅朋友，精神為之一振。她接著說：「今天會先帶大家到葡萄園採葡萄，那位老闆很熱心，非常歡迎我們輪椅族過去，只可惜那邊沒有無障礙廁所，等一下會先讓大家在泰安休息站上廁所，中午的餐廳號稱他們的廁所可以讓輪椅族使用，但我探勘之後，覺得不太合適，需要大家幫忙反映給店家，讓他們知道我們輪椅族的需求。」

隨後欣儀又分享最近去杉林溪、台南勘查無障礙景點的狀況，告訴大家，若要去這些地方，要注意什麼細節，既有一名專業導遊的架勢，也像是所有參加者的好朋友。

黃欣儀，二十七歲因紅斑性狼瘡坐上輪椅，渴望擁有家庭的夢想一瞬被打碎，取而代之的是漫長的復健生活。為了擺脫單調無聊的醫院復健生活，她開始旅遊，從都市到農村，從海邊到森林，從台灣到香港、澳門、日本、馬來西亞、新加坡、巴里島、越南到德國。為了讓更多輪椅朋友一起出來玩，她考取領隊與導遊，二〇一二年以來，蒐集了台灣各地的無障礙旅遊資訊，帶領了將近五十次輪椅旅遊團。

今年（2018）是她當導遊的第六年，然而不管帶團幾次，她都一樣謹慎小心，將每一次當成第一次，各種細節，絕不馬虎。台中新社花海，她不知道已經去過幾次了，但是為了今天的旅遊，她還是特地到現場勘查了兩次，確認花朵開得美不美、哪條交通路線走起來比較順暢，還有各景點有幾間無障礙廁所、是否乾淨等等，一切確認沒有問題，才開團帶大家出遊。

最重要的小事——上廁所

原先陰冷的天氣，隨著遊覽車往南行駛，露出越來越多的陽光，經過兩個小時，抵達今天的第一站：泰安休息站。欣儀叮嚀大家一定要上廁所，因為接下來要等到中午吃飯，才有廁所可以使用。

上廁所是旅遊當中的小事，但是當無障礙廁所不足時，就是一件大事。嚴重者，會使輪椅朋友害怕出來玩，輕者，則會讓輪椅朋友在旅遊當中不敢喝水或憋尿，所以欣儀非常重視這件「小事」，無論如何，都一定要幫大家找到可以上廁所的地方。

當司機阿松大哥熄火，跑到遊覽車側邊使用升降機時，又再度引來民眾圍觀，許多都是年紀大的歐巴桑、歐吉桑，他們看到阿松大哥的「表演」後，紛紛說自己老後行動不便時，可以參加這種團，而阿松大哥對於這些好奇眼光，早就習以為常，曾經還有人直接跑來問他：「你們這種團，要去哪裡報名？」

一般遊覽車到定點之後，就可以停車休息了，但阿松大哥卻要趕快到升降機旁服務大家上下車，而且輪椅重量不輕，遇到不平的路面，他常常還需要幫忙推動到平坦的地方，一次就是十多台，十分費力。欣儀很感謝阿松這樣的有心人，每次開團選擇的司機都以阿松為優先。

每次出遊都是改善環境的好機會

泰安休息站的無障礙廁所僅有兩間，大家逐一上下車、排隊等候廁所，大約就花了三十分鐘，所以抵達新社葡萄園時，已經十點半了。這個地點是欣儀在當地問到的，先前她曾舉辦葡萄樹下的饗宴，讓輪椅朋友在葡萄樹下享用露天美食。當時有成員提出願望，希望有朝一日能到葡萄園採葡萄，欣儀謹記在心，來新社勘景時，特別四處詢問是否有適合輪椅族進出的葡萄園。皇天不負苦心人，在努力不懈地尋找之下，她終於找到了。這家葡萄園的老闆非常樂於接待輪椅朋友，特地預留一大片空間，讓大家可以輕鬆地在園裡移動輪椅，同時還請一位婆婆協助拉下果樹上的葡萄，讓高度不夠的朋友也可以輕易採到葡萄。

在這個果園裡，每串葡萄都黑得發亮，每顆葡萄都豐碩飽滿，微微透進的陽光，更讓葡萄園充滿生氣。大家興高采烈地與葡萄合照，老闆則在一旁講解他如何種植葡萄，教導大家保存葡萄的方式：「回到家之後，用報紙包起來放在冰箱，兩個禮拜都不會壞。」眾人詢問一斤賣多少？老闆說：「不用擔心價格啦！我會給你們特別優待，你們盡量採。」最後，每個人都提著一箱沉甸甸的葡萄，滿載而歸。走出葡萄園之後，老闆還用掃把為每個人去除輪子上的泥土，相當貼心。

在欣儀規劃無障礙旅遊的過程中，時常會遇見這樣友善的店家，讓她感動不已，覺得一定要帶大家來體驗一番。她也認為，每次團體出遊，都是向業者展示輪椅使用者需求的好機會，因為若僅有一、兩位輪椅朋友前來，業者可能不以為意，但一群人就不一樣了。她很希望藉由團體的力量，督促業者改善設施，像這次，她除了感謝老闆的熱心，還不斷跟老闆溝通，希望下次來的時候已經有無障礙廁所了，屆時她一定會再次大力幫老闆宣傳，讓全台的輪椅朋友都知道這是個好地方。

輪椅團體用餐學問大

採完葡萄，大家肚子都餓了，司機趕緊載大家到餐廳。用餐，是無障礙旅遊的一大挑戰，目前台灣各風景區能接待無障礙旅遊團的餐廳並不多，不是入口沒有斜坡道，就是缺乏無障礙廁所。新社是知名風景區，每年都有大量遊客湧入，然而欣儀多年來還是找不到合適的餐廳。這次好不容易找到入口有斜坡道的餐廳，不過有點陡，不管上坡、下坡都需要有人協助，無法來去自如，好在餐廳工作人員很熱心，順利將大家一一推上餐廳入口。

一進到餐廳，欣儀忙著張羅座位，輪椅有大有小，十人座的圓桌並無法容納十台輪椅，欣儀指揮著：「四台大輪椅，搭配二台小輪椅，其餘的坐另外一桌。」

安排輪椅座位是一門學問，不同桌型與場地有不同的排法，而有多年團體旅遊操作經驗的欣儀，每次都會事先安排好大家的座位，不過這次因為團員之間都很熟，就讓他們自由配對，她再從旁協助。

餐桌上，大家不時交換菜盤，笑著說：「餐桌不能轉，我們自己轉。」在同為輪椅使用者的餐桌上，大家很有默契地服務著彼此，看到誰夾不到菜，就主動幫忙，招呼著彼此吃飽一點。一桌人聊起天來，更是無拘無束，就像家人一樣，有位大姊說：「如果結婚，我一定要找跛腳的。」旁邊的大哥覺得不可思議，笑到噴飯，大姊頻頻說：「我是認真的，沒在跟你開玩笑，跛腳的，比較不會落跑。」輪椅族的心情，輪椅族最了解，無論是心底話或是玩笑話都是如此，無障礙旅遊餐桌讓大家聚在一塊，聊東聊西，一點都不用擔心對方聽不懂。

當大家說說笑笑時，欣儀依然顧慮著大家的民生問題：「有沒有吃飽？」「菜色滿不滿意？」當然最重要的，還是廁所。雖然餐廳老闆信誓旦旦說沒有問題，可是欣儀還是有疑慮，一到餐廳便請助手測量廁所門寬，果真太窄了，大台電動輪椅進不去，必須換成手推輪椅才行。欣儀無奈地說：「台灣許多餐廳仍不了解輪椅朋友的需求，打電話詢問時，他們總說沒問題，但一到現場，就會發現問題重重。」

好在欣儀事先已經勘查好新社花海的廁所位置，待大家用餐完畢，立即帶大家前往新社花海場地。一下車，她就說：「跟緊我，我帶你們去廁所。」於是，十三台輪椅浩浩蕩蕩地穿越花海大道，奔向廁所。經過第一處流動廁所時，欣儀叫大家繼續往前不要過去，因為上週她發現這裡的廁所打掃頻率較低，比較髒，另一處廁所比較乾淨。欣儀認為，就算是無障礙廁所有限，也不要勉強大家使用不乾淨的廁所，有人可能因為不敢使用而憋尿，讓整趟旅程變得無法放鬆。

感動來自看見朋友的笑容

一一解決民生問題後，終於可以好好欣賞花海了。今晨從台北出發時，依然是陰沉沉的天氣，而此時台中新社卻是陽光四射的好天氣。陽光照在花海上，紅、黃、綠、紫、白的花朵隨風飄曳，每一株都像在微笑。欣儀帶大家到最盛開的一區，白色、粉紅色的波斯菊相互交錯，浪漫無比，大家忍不住拿起手機拍攝。

欣儀指揮團員：「人站在這邊，然後從另外一邊拍，這樣拍起來最好看。」原來欣儀不只注意哪邊的花朵開得最美，也研究從哪裡拍照最能捕捉美景，因為她相信，留下美麗的照片，會讓這段旅程的回憶更加甜美。

一路上，十幾台輪椅跟著欣儀，奔馳在花海，旁人看見電動輪椅車隊，直說這樣比走路方便多了，新社花海占地很廣，一般人走個半圈就會腳痠，但乘坐電動輪椅，完全沒有這方面的問題，大家悠悠哉哉地穿梭於花海，慢慢逛著在地農產品的攤位，十分愜意。

除了讓大家玩得愉快之外，欣儀每到一個景點，都不忘檢視無障礙設施，看看有沒有什麼地方，可以改善得更好。這次她就發現，新社花海園區雖然可以讓輪椅暢行無阻，但仍有些木棧道斜坡做得不夠平緩，一不小心就會跌跤，好幾個地方都需要他人從旁協助扶住輪椅，才能避免滑落。「這些問題都是可以避免的，若規劃園區的人能找輪椅使用者一起規劃，就能創造更友善的環境」欣儀說道。

到了傍晚，一群人移師到后里的麗寶outlet享用晚餐。選擇這裡，除了回程順路之外，最重要的是，這裡每一層樓都附設無障礙廁所，不像一般餐廳頂多只有一間廁所，光排隊就需要花掉不少時間，而且這裡還有可供輪椅朋友乘坐的無障礙摩天輪。

欣儀在車上時就先分享自己搭乘摩天輪的經驗：「裡面有冷氣、充電設備，一個車廂可容納一台輪椅及多位陪伴者，我們身障者搭乘是半價，大家這個時候去乘坐，可以看到大台中的夜景。只是輪轉的速度有點慢，大家可能會覺得不夠刺激。」

參加活動的朋友對於欣儀有著完全的信賴，因為：「她都會自己試過一遍，事先幫我們體驗那是什麼感覺，讓大家有心理準備。」

夜晚的摩天輪特別夢幻，有幾位朋友選擇體驗摩天輪，在半空中欣賞夜景，而有些朋友則是跑到停車場，讓絢爛的摩天輪成為照片的背景。雖然夜晚拍照很容易失敗，但大家還是拍得不亦樂乎，你拍我、我拍你，就是希望將眼前的美景，用照片留下記憶。

自從欣儀帶領無障礙旅遊團以來，許多人從原本不認識，漸漸熟識而成為朋友，每次出遊，就像跟老朋友聚會那樣令人期待。在遊覽車上，大家隨意聊天，不時傳出陣陣笑聲，下了車，無論吃飯、逛景點或拍照，都因為身旁有著一群輪椅朋友，而覺得不孤單。

每每看到輪椅朋友開心的表情，欣儀就有一股感動，儘管輪椅導遊這條路很辛苦，但她覺得很值得，希望用自己的身體力行，鼓勵更多輪椅朋友加入旅遊的行列，也希望透過每次出遊，讓私人業者、公家單位甚至一般民眾，更了解輪椅使用者的需求。

PART
03
無障礙旅遊概念篇

旅遊，也能改變社會

CHAPTER

17

自由自在出遊

規劃無障礙旅遊，首要之務就是了解參加者在意的是什麼。這幾年帶團下來，我發現能否自由自在出遊，常常是輪椅朋友決定出遊與否的關鍵。什麼是自由自在出遊？那就是不用依賴他人協助、不需要配合他人步調的旅遊方式。

在電動輪椅不普及的年代，輪椅族運用手推輪椅出遊時，遇到稍微陡一點的斜坡就需要他人協助，常常無法自行出遊，必須和「直立人」（一般人）一起出門。許多輪椅朋友都說，跟直立人出門壓力好大：「你會覺得自己要努力跟上他們的步伐，難以放鬆心情。」就連跟家人一同出遊也是如此，比方說上廁所，家人能去便利商店使用，輪椅朋友未必可以，必須花較多時間尋找無障礙廁所；又例如有時候大家安排的景點，是輪椅無法通行的，這時就必須仰賴他人搬抬，這些都會造成當事人的心理壓力。

有鑑於此，我規劃無障礙旅遊時，都將「自由自在出遊」列為重點。我找的景點，都是方便輪椅移動而不需要他人協助，也會避免需要他人或抱或揹的景點，原因不僅是身體的接觸，會令人不自在，更重要的是，無論是抱人或揹人，都需要技巧，一不小心，被抱者或抱人者都可能會受傷，而有安全之虞。

曾經有一次我從烏石漁港搭船去龜山島，由於船上沒有無障礙設施，因此必須仰賴船員揹我到船上。船員叫我雙手勾在他肩上，但他忘記我的腳是沒有力氣的，沒有把我的腳勾在他手上，我雙腳懸空，僅僅靠著雙手的力量，緊緊攀附在他背上。那時不但我的手抓到快沒力了，船員也揹得很吃力，路途中，我衣服上的釦子還掉了一顆，整個過程十分狼狽。由於有這樣的切身經驗，因此安排行程時，我都會避免需要他人協助的景點。

此外，我也會避免「挑戰極限」的行程，像是玩飛行傘、潛水等等，有些設施對輪椅使用者來說就是比較危險，我曾經嘗試飛行傘，卻吃足了苦頭，那時想說教練已有多次協助身障者的經驗而去嘗試，不料卻沒飛上去，我摔進草叢中，嚇壞了身旁的人。我們不需要為了跟一般人一樣，而去挑戰這些活動。做不到，不代表我們比別人弱，只能說身體狀況與設施不適合，身障者不需要用「一般人可以，我也可以」的心態，來證明自己。我們本來就不同，何必變得相同？

在受傷前，我很喜歡玩雲霄飛車、自由落體等刺激遊戲，但坐上輪椅之後，就連玩咖啡杯這樣的遊樂設施，我的平衡感以及身體所能接受的速度都跟以前不一樣而會感到不舒服，既然身體狀況已經不同，就沒有必要勉強去玩一般人玩的東西，那樣反而會對身體造成傷害。

我認為身障者應該依據現在擁有什麼，來思考可以做什麼，而不是想著如何把失去的功能找回來，或者如何變得跟「一般人」一樣。我們應該根據現有的才能去發揮，彰顯我們所擁有的。我們還有嘴巴、還有頭腦，這些已經可以讓我們做很多事情了。我比較不傾向挑戰極限的作法，因此帶團時，安排的都是大家做得到的行程，不挑戰極限、不讓大家在艱困的環境下移動。對身障者來說，在旅遊過程中，保有自尊心很重要，如果可以自己來就盡量自己來，這樣我們會很有成就感，也會很放鬆。

基於這個理念，無論是國內團或日本團，我所規劃的路線都不會要求一定要有陪伴者，輪椅朋友自己一人報名即可參加。我當然也歡迎家屬一起來，但也希望輪椅朋友多一個選擇，就算沒有陪伴者，

1. 有斜坡道的涼亭
2. 自由自在出遊對任何人來說，都很重要
3. 盡量避免需要他人搬抬輪椅的行程

仍然能夠參加旅遊團。目前大部分的旅行社都要求行動不便或年長者必須有陪伴者，才能參加，這樣的條件往往使沒有陪伴者的朋友無法出遊。

另一項用意，則是希望破除大眾對於輪椅使用者的迷思。很多時候民眾看到我們一整群輪椅團，都訝異詢問：「你們不需要陪同者，也能出來玩喔？」事實上，坐上輪椅不等於需要他人照顧，我的許多輪椅朋友都擁有自立生活的能力，他們會自己坐捷運、坐火車或開車出去玩，他們來參加我的團時，也都全程自理。

電動輪椅開啟旅遊契機

輪椅使用者能自主行動，跟科技的進步有很大的關係，電動輪椅的普及使我們的行動能力大為躍進，不再需要一對一的照顧人力，自己一個人就可以出遊。有些小兒痲痺的朋友，早年多是拄著拐杖出遊，然而運用拐杖能行走的距離有限，無法玩得盡興，也很容易疲累。有了電動輪椅之後，有人放掉拐杖，改坐電動輪椅，才發現原來可以這麼輕鬆移動，就算下雨天，坐在電動輪椅上，也可以撐著雨傘繼續玩。

有朋友分享，她原本都拄拐杖出遊，但隨著年紀增長，體力受限，無法長途行走，也無力登上雙層遊覽車，以致於很少出遊，直到買了電動輪椅，才又開始跟團出遊。她說：「有了電動輪椅，就像有了一雙翅膀，比一般直立人走得更遠，看到更多風景。」她很開心有人發明了電動輪椅，讓她可以再度旅遊，甚至比拄拐杖時期玩得更多。她說：「出去玩一次，就會上癮。希望大家都能藉著電動輪椅走出家門，走出生活的小圈圈，去探看廣大的世界。」

電動輪椅為無障礙旅遊帶來新契機，讓「自在出遊」變得容易，台灣有許多地方都提供電動輪椅出租，像是行無礙資源推廣協會在北中南、宜蘭都提供電動輪椅租借，相當方便。還沒試過電動輪椅的朋友，不妨先從租借開始，為自己開啟自由自在的生活吧！

行無礙資源推廣協會

由身心障礙者與關心身心障礙者的家屬、學生、社會人士發起與組成，宗旨是協助身心障礙者為自己倡權以達到生活無礙。協會透過無障礙旅遊、輔具租借、參與組織發聲反映需求，以及知識與經驗的分享，來改變環境。在輪椅及輔具租借部分，目前台北、新北、宜蘭、台中、高雄都有據點，可以甲地租借，乙地歸還。可線上填寫租借表單，也可電洽或email洽詢。

- **官方網站**
  www.sunable.net
- **電話**
  02-25994432
- **email**
  sunable.net@gmail.com

CHAPTER

18

自己克服困難 不如請求相關單位改善

許多輪椅朋友看見我在臉書分享旅遊照片時，都會留言表示羨慕：「風景好美，你好棒，你真有勇氣。」但當我鼓勵他們出遊時，他們卻顯露各種擔憂，像是擔心沒有廁所、遇到阻礙無人可協助、交通困難、過夜時衛浴不方便等等。

朋友的擔憂並非憑空而來，這些阻礙確實存在，輪椅族很難像一般人一樣說走就走，先不要說景點是否具備無障礙設施，就連對一般來說很簡單的吃喝拉撒，都必須確認沒有問題，才敢出發。

面對這些問題，我認為並非「勇氣」就能解決，偶爾在報章媒體上，會看見某位身障者如何以堅強的意志力，克服各種障礙，完成周遊列國的夢想，而這樣的行為也經常被大力推崇，但身為一個輪椅族，我認為不是每個人都有意志力與資源去克服這些阻礙，我們也不應該期待每位身障朋友都成為「生命鬥士」，以挑戰潛能的心態來完成每趟旅程。意志力特別堅強的人，僅為少數，大部分的人都在現有資源的限制下過活，當外在環境友善時，他們就有動力出去走走，但當外面的世界阻礙重重時，他們寧可待在家裡。

想要鼓勵輪椅朋友出遊，需要的不僅僅是個人的勇氣，更需要整個社會重視無障礙環境、提供更便利的旅遊選擇，才有可能真正帶動起來。

不是每個人都有辦法克服阻礙

自從開始帶領輪椅旅遊團之後，「遇見阻礙」與「克服阻礙」就成為我的日常生活，腦中浮現的常常是：「那個景點有階梯，怎麼辦？」、「那個餐廳沒有無障礙廁所，怎麼辦？」、「那個飯店沒有洗澡椅，怎麼辦？」

面對阻礙，有各式各樣的解決辦法，但我始終秉持一項理念：「與其自己克服困難，不如請求相關單位改善。」很多時候，人們會利用工具來克服障礙，像是自行攜帶斜坡板，或尋求人力協助，例如請志工及工作人員幫忙搬抬輪椅，跨過階梯障礙。

但我並不贊同這種解決模式，而傾向與相關單位、業者溝通，請求他們改善環境。因為不是每個人都有工具，也不是每個人都知道怎麼使用工具。雖然我有許多出遊經驗，知道可以運用哪些工具克服障礙，但並不希望只有跟我一同出遊的人可以克服阻礙，也希望自行出遊的輪椅朋友，來到同樣的地方，也能擁有無障礙的環境。因此每每遇到阻礙，第一個動作都是打電話給縣市政府或業者，請求他們改善設施，常常講到對方覺得我很煩，比較不友善的會說：「你們不是都有斜坡板，就自己帶過來啊？」比較友善的則會說：「我們沒有相關設備，但你們來的時候，我們會派工作人員協助。」

遇到這些回應，我不放棄與對方繼續溝通，我告訴他們：「來這裡的人不會只有我們，如果你們願意改為無障礙設施，將能嘉惠所有輪椅族，而不需要勞煩每位客人自行攜帶斜坡板，而且這不只是友善輪椅族的設施，對於推嬰兒車或帶行李箱的客人，也都大有幫助，大家會覺得你們的設計很貼心。」此外，我也會說明人力協助有其風險，因為電動輪椅很重，若沒有友善輪椅的設施，一一由人力搬抬，其實既辛苦又危險，尤其遇到像我們這樣一、二十人的輪椅團，工作人員肯定會累癱。

許多飯店業者都認為，輪椅遊客不多，若碰到再出動人力協助即可，但隨著旅遊風氣的興盛，無障礙旅遊團、銀髮族旅遊團在未來一定會成長，當一整團輪椅使用者來到飯店時，最好的辦法不是找來一堆人協助，而是在設施上友善輪椅使用者，這對彼此都事半功倍，我相信這樣的飯店也能獲得好口碑，吸引各地輪椅族前來。

反映就有改變的機會

剛踏入這一行時，其實不太確定向業者及公部門反映，是否有用？但沒有嘗試，根本不會有機會，所以總想嘗試看看，經過這幾年，我深深覺得「有反映就有用」，許多原本輪椅朋友無法到達的地方，都慢慢改變了，像是大家一起爭取到的福隆沙灘步道、內洞國家森林遊樂區的無障礙步道。最初阿里山的小火車也沒有無障礙設施，必須自行攜帶斜坡板，而且車門也很窄，當時我還特別去租了小台輪椅，才能進到車廂裡面。台鐵接手後，更改了車門寬度，也備有斜坡板，並設置無障礙車廂，現在輪椅朋友去坐阿里山小火車便利許多了。還有很多民間業者也因為我們的到訪，而添購斜坡板、在廁所加裝扶手、將廁所的門改大改寬。記得有一家農場的老闆在聽我說明輪椅朋友的需求之後，立即找來水電師傅，修改廁所欄杆。這些都是少數人爭取，嘉惠多數人的例子。

另外，也不要因為某個景點沒有無障礙設施，就跳過那個景點，很多時候是對方沒有設想到輪椅朋友會來，所以沒有安排無障礙設施，但只要我們表達需求，很多人是願意配合的。比方我最早去六十石山時，那裡並沒有無障礙廁所，相關單位並不知道輪椅使用者也想去六十石山玩，當他們知道我們有這個需求時，立即安排流動式的無障礙廁所。這個改變，讓六十石山成為輪椅朋友出外旅遊的友善景點，年年花季時，都有團體過去。

這些切身經驗告訴我，溝通與反映是有用的，每個人都不要輕忽自己的聲音，並且要意識到這是我們的基本權利，應該為自己爭取權利，不要覺得這樣會麻煩店家。我總是告訴輪椅朋友，遇見不友善的設施，不要只是私底下抱怨，應該設法反映，才有可能改變。也許有人會不理睬你的意見，但也會有人從無動於衷到願意改變。

旅遊也能改變社會

這幾年因為我們輪椅團體出遊而改變的環境設施不勝枚舉，舉凡飯店、餐廳、景點，都因為大家的參與而變得更友善。對我來說，每次輪椅朋友出遊都是改善環境的契機，尤其團體旅遊，因為人數眾多，更能使相關單位及業者看見集體的需求。

而政府單位與業者的努力，也促使我積極努力出團、堅持到底，有幾次因為報名人數不如預期或有團員臨時取消，湊不足出團人數，我還是想盡辦法出團，因為一想到已經請業者改善環境，就覺得我們不能不去，甚至有次過年前的行程，報名人數與預期出團人數相差很多，但因為在安排行程時，我已經請飯店業者買了斜坡磚，為了不枉費業者的努力，最後我補了團費差額，讓團能成行。為了紀念這些改變，我將我們出團的成果整理如下，除了感謝這些願意改善的單位與業者，更希望邀請大眾一起加入改變的行列，尤其希望公部門及業者能理解到只要有心，很多地方都可以改善，因為全台各地，已經有很多部門都做到了。這些小小的改變，將對輪椅朋友帶來大大的方便。

最後，對於輪椅朋友，我則想告訴他們，旅遊不只是一種消費，也可以是一種改變社會、改善環境的方式，我們的每一次現身，都能讓他人更了解輪椅使用者的需求，一點一滴帶來改變。

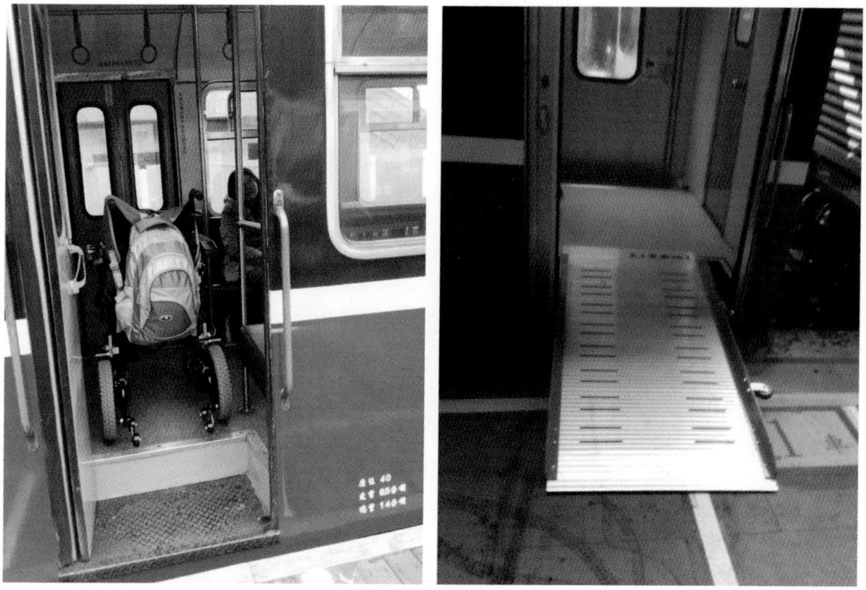

阿里山小火車的車廂原本是不方便輪椅進出的（左圖），經反映後，現在門寬加大了，而且也有了斜坡板（右圖）

麟山鼻步道原本有路阻（左圖），輪椅進出須人力搬抬，現在已變更為無障礙入口（右圖）

飯店與餐廳

- **日月潭碼頭精品旅店**

  原本房間浴室有門檻，經過協調與溝通，最後飯店添購了斜坡磚，改善一個房間。

- **斗南御品王朝旅店**

  早餐的餐廳有門檻，因我們前往而添購了斜坡板。

- **南投國姓私房餐廳**

  原本沒有無障礙廁所，在大家的建議下，現在有無障礙廁所了。

- **花蓮阿思瑪麗景大飯店**

  飯店雖然沒有無障礙房，但有十六間浴室門寬八十公分、淋浴門七十五公分的房型。為了接待我們，飯店特別採買了五張豪華洗澡椅。

- **東石海龍園餐廳**

  店家在我們要去之前，打電話詢問廁所門寬要改為多少，現在已經有一間門寬七十五公分的廁所。

- **紅毛港小紅食堂**
  高字塔旋轉餐廳

  餐廳的出入口是階梯，店家在我們要去的前一天，告知餐廳門口斜坡板做好了。

- **集集蘋果的家**

  浴室門寬有八十公分，但有門檻，店家為了我們添加斜坡板。第一次要帶團過去時，老闆很熱心地從原本只有一間浴室有斜坡板的房間，增加到五間，但現在有幾間改成乾濕分離，浴室空間變窄，輪椅無法使用，有點可惜。

- **美濃美綠生態園**

  一般房的門檻有加斜坡板改善。

景點

• 觀音林家古厝

原本沒有無障礙廁所，後來有無障礙廁所了。

• 大湖名芫草莓農場

原本需要自備斜坡板。現在店家已訂製斜坡板，並購買斜坡磚改善休息區的門檻高低差。

• 國姓周家雪蜜棗園

原本入口有高低落差，店家幫我們準備斜坡板，方便進入棗子園。

• 陽明山苗榜海芋園

原本的廁所不適合輪椅使用，後來增加了一間門寬較寬的坐式廁所。

• 阿里山香林神木平台

前往神木平台的木棧道有階梯，輪椅族無法和香林神木指示牌拍照，經過爭取，後來做了通往平台的無障礙坡道。阿里山往祝山平台的第二管制區，也開放身障車申請。

• 三仙台步道

拆除了路阻。

• 台東森林公園

琵琶湖旁前往公廁的石板路，經反映後，改成平坦的水泥路。

• 花蓮富里六十石山金針花季

原本沒有無障礙廁所，後來在花季期間都設有流動式無障礙廁所。

• 永安漁港

廁所從原本的固定式欄杆（大型電輪無法使用），第二次帶團過去時，要求換成活動式欄杆，現在重新整修後的廁所空間又更大了。

• 清境農場

觀山牧區植草磚的步道整平了，通往剪毛秀的樓梯通道也改成斜坡道，而且植草磚的路面也整平了。

CHAPTER 19

無障礙設施很重要 無障礙的人更重要

近年來，隨著無障礙環境受到重視，台灣各地的無障礙設施越來越多，各縣市也逐步增加低地板公車，但是有「硬體」設施就夠了嗎？

有一次，我很興奮地發現，從瑞芳往基隆的公車，有多班低地板公車，找了一天和朋友去搭乘。車班果真不少，很快就看到一台低地板公車駛向站牌，我們揮手示意要搭乘，司機看到我們，面露疑惑，遲疑了一下，拿出斜坡板，但不太知道怎麼置放，動作很生澀，我們兩個在一旁看了，連忙告訴司機正確的擺放方法，最後終於順利坐上公車。

沒想到坐上車才是災難的開始。要去基隆，必須經過蜿蜒的山路，司機想必非常熟悉這條路線，因此儘管是山路，車速卻飛快。每當司機一轉彎、一下坡，輪椅就滑到走道上，我只好緊緊握住扶把，以免一路衝向駕駛座。別忘了，我們是坐在「輪子」上的，速度過快會導致輪椅前後左右滑動。我和朋友只好使出吃奶的力量，抓住扶手，幾乎都快拉傷了，如果是手勁不足的朋友，輪椅鐵定飛出去。

我相信司機並不是故意整我們，他可能是新手司機，還沒有什麼服務輪椅朋友的經驗，他沒意識到輪椅在車上會滾動，必須開慢一點。下車時，我特別跟司機說行駛山區時，上下坡的落差與轉彎之處，都必須特別注意，否則我們輪椅朋友會很辛苦。他尷尬地笑著說：「不好意思，之前沒有服務過坐輪椅的，比較陌生啦！」

輪椅不能平日搭觀光巴士、不能每站下車？

在觀光旅遊這塊，近年來台灣好行觀光公車，也逐步增加無障礙班次，這對輪椅旅遊來說是一大好消息，但我在實際搭乘時，卻遇到一些問題。有一次，我跟朋友想在平日搭乘台灣好行日月潭線，卻遭到拒絕，因為僅有假日才會開放輪椅使用者搭乘，我覺得很不合理，為什麼限制輪椅朋友假日才能搭乘，經反映後，現在平日也可以搭乘了。

在停靠站部分，原本日月潭線也限制輪椅僅能在少數幾站下車，不能每站下車，理由

有了低地板公車，就等於無障礙了嗎？

是有些停靠站有坡度、不方便放升降機。但這難道沒有變通的辦法嗎？為什麼一般人站站都可以上下車，輪椅使用者購買了相同的車票，卻只能接受打折的服務？有些人會用施捨的態度來看待輪椅族，認為「現在讓你們玩已經很好了，為什麼還要求這麼多？」但問題是，為什麼我們不能享有跟一般人相同的權利？我不放棄溝通，歷經多次電話轉接，終於遇到一位友善的經理，他願意克服這個問題，找到讓輪椅方便下車的停車點。

在人的部分，還有一部分可以加強，那就是旅遊服務中心服務人員的無障礙知識。因為工作關係，我需要了解各地的無障礙設施，時常洽詢各地旅遊服務中心，但是每次打電話詢問時，得到的回應常常很含糊，工作人員只知道哪裡有無障礙標誌，不知道輪椅朋友到現場是否真能使用，甚至每次的回答都因人而異，沒有標準資訊與作業流程，導致我無法完全信賴他們所提供的資訊。

旅遊服務中心應盡可能符合各種人群的需要，面對行動不便者，也應當提供完整的無障礙旅遊資訊，告知旅遊路線以及無障礙設施所在地，但可惜的是，目前大部分的工作人員都沒有足夠的訓練，無法提供準確的資訊。

如果政府有心推廣無障礙旅遊，應該安排輪椅使用者在旅遊服務中心工作，讓其接受相關訓練，提供貼心到位的旅遊資訊。政府常常希望提供身障者工作機會，而無障礙設施使用起來如何，正是我們輪椅族最能感同身受、最有經驗的，何不多開放這些工作機會給我們呢？

CHAPTER 20

旅遊當中的通用設計

在推廣輪椅旅遊時，最常見的困擾就是無障礙廁所與無障礙房間很有限。雖然目前台灣許多公共廁所都設置了無障礙廁所，但往往僅有一、二間，當我們一團十六人要使用廁所時，就得耐心等候這少少的一、二間，不管到什麼地方，只要上廁所，都必須花上比一般人更長的等候時間。

在住宿方面，一般人出外旅遊，通常有許多住宿選擇，從高檔的飯店、平價的商務旅館到各式各樣的特色民宿，甚至背包客棧，都可依個人的喜好與預算安排。但是對於輪椅族來說，住宿卻是一大難題，有些人甚至刻意避開需要過夜的行程，再遠的路程都只能當天來回，原因並不是為了省錢，而是沒有選擇。

為何會如此？這是因為無障礙房間不足，通用設計的觀念又不普遍，導致一房難求。根據營建署法規，旅館與飯店的客房數，房數十六間以上、一百間以下者，至少應設置一間無障礙客房，超過一百間者，每增加一百間及其餘數，應增加一間無障礙客房。也就是說，一百間以上二間，二百間以上三間，依此類推。

試想，台灣有多少飯店擁有一、二百間客房，又有多少飯店可以容納輪椅團體旅遊的需求？就拿知名景點武陵農場來說好了，那裡僅有武陵國民賓館與富野渡假村兩大飯店，然而兩間飯店加起來，僅有四間無障礙房。飯店的容納人數如此有限，遑論民宿了。以大家熟悉的清境農場為例，儘管有非常多特色民宿，但至今我還找不到有無障礙客房的民宿，因為目前民宿的經營規格是客房數八間以下，依法十六間以上才需要設置無障礙房。

如果是自行出遊，也許勉強可以搶到一間無障礙房，但若是三、四個朋友一起出遊，恐怕就無法訂到足夠的無障礙房間，更別說是六人以上的旅遊團了。在旅遊旺季時，同一個景點的無障礙客房需求會更高，可能有十至二十位輪椅使用者同一天需要住宿，但是有多少家飯店可以滿足這麼多無障礙房的需求？

為了住進這些少量的無障礙客房，有時輪椅團甚至必須捨近求遠，遠離觀光目的地。當別人可以住在民宿，一覽山中美景，感受湖光山色時，輪椅族不見得擁有這樣的選擇。更甚者，由於無障礙房間有限，大家還得分散在不同旅館，不管在行程安排或連繫上，都有許多不便之處。此外，無障礙客房的房型也比一般客房少，有時我們想預訂兩人房，但飯店僅有四人無障礙房，這也使得輪椅朋友的選擇受限。

住宿價格也是一大問題，無論國內外，一般通常只有大規模的飯店擁有較多間無障

宜蘭傳藝中心採用階梯加斜坡的通用設計，一般人跟輪椅族都可以使用

礙房，輪椅族出外旅遊時，無法選擇平價的民宿或旅館，只能選擇中高價位的飯店，造成整體的旅遊成本高昂。為了找到得以容納所有團員住宿的地點，我們常常只能選擇四、五星級的飯店，因為只有它們具備足夠的無障礙房間，而其設施也比較符合輪椅族的需求。這些高昂的住宿費用也是無障礙旅遊的阻力，許多輪椅族原本經濟就比較困難，四、五星級飯店的價格更使其望之卻步，失去旅遊的權利與動力。

通用設計大有用

在無障礙廁所、無障礙房間數量有限的情況下，如何推廣無障礙旅遊？我認為「通用設計」是一條出路。

通用設計簡單來說，就是以「適用所有人」為概念來設計，同時考慮一般人及行動不便者的需求，例如身障者、視障者、銀髮族、孕婦、嬰幼兒等，讓每個人都可以很方便地使用所有設施。這背後的理念是將身障者視為社會整體的一員來對待，而非特殊分子，也就是視之為普遍的人權，而不是一種特別待遇。

就廁所來說，如果台灣各地休息站的公共廁所，能將一般坐式廁所的內部空間加大、門寬加寬、加裝扶手，就會是通用廁所。就旅遊住宿來說，通用設計就是在一般客房規劃適用所有人的設施，像是加寬所有門寬，包括浴室與淋浴間，衛浴採用推拉門、無門檻設計，讓房間適合一般人，也適合不動不便者。如此一來，飯店就能彈性調整房間，而容納行動不便者的房間數量也會大為增加。這不只適用於大型飯店，只要在設計階段將行動不便者的需求列入考慮，許多中小型民宿與旅館，一樣可以擴充容納類型，接待不同群體的客人。這可以讓輪椅族依據自己的預算來選擇旅館，而不像現在僅能選擇高級飯店，我相信會帶動更多輪椅朋友出遊。

當上導遊這幾年，每一次規劃行程，我都會蒐集周邊飯店的無障礙資訊，尤其期待參觀新落成及重新整修的飯店，希望找到更多通用房間，可是往往一到現場，卻大失所望。有些新飯店的一般房，反而障礙更多了，像是衛浴空間採用多層隔間的設計，馬桶隔一層，淋浴間又隔一層，這樣的設計，輪椅朋友根本無法使用。

不過慶幸的是，近年來也有少數飯店規劃出適合輪椅使用者的通用房間，令人振奮，目前勘查過最好的是花蓮阿思瑪飯店，它有十幾間一般房可供輪椅朋友使用，這些房間和浴室的門寬為八十公分，淋浴門也有七十五公分，要帶一整團的輪椅朋友入住都沒問題。

其實許多業者都很樂意服務輪椅族，卻因為資訊不足，在設計階段未能列入考量，直到我去反映，他們才跟我說：「要是早點認識你就好了。」面對多次的扼腕，我一直很想跟建築師與設計師溝通，希望他們在規劃與設計的階段，就能考慮到不同人群的需求，設計出適用更多人的通用設施。比方說，設計衛浴時，可以思考是否一定要有門檻，還是可以透過地板有斜度的設計，讓衛浴的水流在沒有門檻的情況下，也不會外流到房間，還有是不是能將衛浴門寬加大。

另外，有些人會排斥狀似無障礙房間的醫療感，導致業者不願意強化無障礙設施，但在馬桶、浴缸或淋浴設施旁邊加裝欄杆或扶手，其實是種安全設施，可以防止跌倒或滑倒，大人、小孩、行動不便者都可以使用，如果覺得醫療感太重，也可以透過各種美化設計來達成。

台灣的一般建築已經有越來越多人在推廣通用設計了，然而在旅遊觀光這一塊，提倡通用設計的人仍然有限，若建築師與設計師願意的話，我很樂意跟他們說明輪椅族的需求，期盼大家能共同打造更優質的通用觀光環境。

CHAPTER

21

尋找一般房的訣竅

這幾年我所帶領的輪椅旅遊團，人數大多介於六到二十人之間，目前台灣的飯店大多僅有一至兩間無障礙房，僅能供應二至四位輪椅朋友，所以我時常必須在一般房中尋找適合輪椅朋友的房間。在確認一般房適不適合輪椅朋友時，最重要的是以下原則，第一，絕對不能有門檻，或是門檻須加斜坡板；第二，房間門寬及浴室門寬要足以讓輪椅進出；第三，房間走道要夠寬敞，足以讓輪椅迴轉。綜合這幾年經驗，我整理出為輪椅族預訂一般房需要注意的地方，而這些要項也可以作為通用設計的參考。

電梯

若房間不在一樓，輪椅族勢必要使用電梯，飯店一般來說都有電梯，但民宿就要一一確認。

沒有門檻、推拉門設計的浴室為首選

選擇走道寬敞的房間

洗手台採開放式設計，馬桶欄杆以活動式設計為佳

浴缸加板子，仍有安全之虞

淋浴門要夠寬，輪椅才能直接進去

淋浴設施比浴缸安全，必備洗澡椅

房間門與浴室門不能有門檻

對輪椅族來說，有門檻就是障礙，一定要詢問房間與浴室「有無門檻」？若有的話，高度為何？超過二公分，電動輪椅就推不進去，否則就要看業者是否願意加斜坡板。

房間及浴室門寬至少七十五公分

房間及浴室門寬至少七十五公分（最好八十公分），輪椅才能進出。一般來說，房間門寬都沒問題，但「浴室門寬」很容易低於七十五公分。這部分需要請飯店人員提供尺寸，要特別注意的是，需要請飯店人員測量的是出入的淨寬度而非門框寬度，這樣才能確定輪椅是否能進出。若預定多個房間時，也必須確認每間浴室門寬是否都大於七十五公分，因為飯店每個房間的格局未必相同。

房間走道寬度大於一百二十公分

輪椅朋友仰賴輪椅移動，不僅房間門寬要足以讓輪椅進入，進入之後，若走道太窄，也會使輪椅朋友失去移動的能力，所以通常我會一併詢問房間的走道寬度。一般輪椅大約是七十公分寬，考量手部操作與迴轉空間，走道至少必須一百二十公分以上、床間淨寬要九十公分以上，輪椅才不會卡住。

另外，也必須詢問是否有足夠的迴轉空間，有時候房門進來的空間太窄無法轉進廁所，我就會先進到房間，從另一側測試是否能進入廁所，若還是不行的話，那個房間就不適合。

淋浴設施勝於浴缸

比起浴缸，淋浴較為安全，浴缸雖可供泡澡，但輪椅族在無人協助的情況下，並不是每個人都能爬進浴缸，爬進爬出也會增加跌倒的風險。有些業者會在浴缸上架一塊板子，讓人們坐在板子上洗澡，但這還是有安全之虞，因為沐浴用品濕濕滑滑的，像我這樣的脊髓損傷者，通常也很難坐得穩當，當沐浴乳及洗髮精流入浴缸時，一不小心就可能滑倒。因此最好選擇附設「淋浴」設施的旅館，若兼具浴缸與淋浴設施也不錯，但必須提醒使用浴缸者，注意安全。

淋浴間注意事項

每個飯店的淋浴間格局不同，需要確認以下細節。

- 門檻：不能有門檻。
- 門寬：目前大部分飯店的浴室都採用乾濕分離，因此一樣要確認淋浴間的門寬是多少，是否方便移位。
- 門的設計：淋浴間以直立到天花板的外開式玻璃門為佳，軌道式的拉門通常有門檻，並不適合，宜選擇「推拉式」的門。
- 蓮蓬頭的高度：輪椅朋友是坐著洗澡，蓮蓬頭位置若太高，輪椅朋友會拿不到。

若蓮蓬頭太高，請飯店人員事先取下，也不要選用固定式蓮蓬頭的浴室。

- 形狀：選擇方形的淋浴間，不要長條型的。長條型的淋浴間，入口離蓮蓬頭通常都有一段距離，當使用者從輪椅移到洗澡椅之後，若還需要移動椅子，就會有安全的疑慮。

一定要有洗澡椅

輪椅族需要坐著洗澡，洗澡椅是必備的。詢問飯店是否可以提供洗澡椅，最好能提供醫療用的洗澡椅。若僅能提供一般椅子，也請註明「不要太輕」、「四腳不要太軟」、「一般高度」的椅子，這樣坐在上面洗澡會比較穩固。若飯店無法配合的話，旅遊規劃者就要自行攜帶洗澡椅了。

浴室的迴轉空間

要注意輪椅進去浴室之後是否能迴轉出來，是能從正面出來，還是必須倒著出來？若是倒著出來，是否有足夠的退後空間？會不會撞到門外的櫃子？浴室內部空間以輪椅能自由活動為原則，內部迴轉空間之直徑不要小於一百三十五公分。

洗手台採開放式設計

洗手台底下若有櫥櫃，輪椅就無法靠近洗手台，洗手刷牙都會有困難，最好選擇洗手台底下採開放式設計的房間。

床不能太低，接近輪椅高度者為佳

床鋪最好近似於輪椅的高度，避免和式房間和太低的床鋪，床鋪的高度若低於輪椅，會使得輪椅族不方便上下床。

桌子

房間內若有桌子，桌下空間必須是開放式的，輪椅才能靠近。

衣櫃

橫推式或無門的設計較佳，因為推拉門的設計需要推門的空間，有可能一打開就擋住輪椅。

給飯店的建議

一直以來，我都是親自打電話，逐一問出各家飯店一般房的規格，但這件工作對詢問的人很費力，對於飯店人員也很耗時，他們必須重複回答每位詢問者的問題。有鑑於此，我建議飯店不妨記錄每個房間的門寬、門檻高度、衛浴門寬，公布在網路上，方便旅客評估是否適合入住。這些資訊也有助於導遊依據每個人輪椅的大小，分配不同房間，有些人的輪椅比較小台，就可以選擇門寬較小的房間。此外，若能在飯店網頁中加入無障礙房間的照片，也有利於入住者評估。目前旅館及飯店的網頁，通常僅放一般房間的照片，時常得打電話一再詢問才能確知房間的狀況，若能在網頁中加入無障礙房各項設施的照片，將能減少溝通的時間。

CHAPTER

22

無障礙的用餐環境

飲食是旅遊重要的一環，美好的用餐環境與食物，能讓人充滿幸福感，元氣滿滿，反之，克難倉促的用餐環境，則會讓旅遊的心情大打折扣。

這幾年來，為了尋找適合輪椅團體的餐廳，煞費苦心。雖然二〇一三年起，新建、增建建築物除了獨棟專供住宅使用、面積較小的建築物以外，不分建築物使用用途均需要依法設置無障礙設施，所以當然也包含餐廳。但是既有建築物的數量畢竟是多數，依據法令，既有建築物的無障礙改善，餐廳類型的場所僅規範三百平方公尺（九十坪）以上，加上改善期程並非一蹴可幾，要找到方便輪椅進出、附設無障礙廁所的餐廳仍是一大挑戰。

每次出遊前，我都必須先打電話給餐廳，了解餐廳的空間是否方便輪椅進出、是否附設無障礙廁所，然後再考慮預算與地點，美不美味只能成為次要考量。有些餐廳雖有無障礙廁所，但價格卻非常高昂，有些餐廳地點適中、價格也平民，卻沒有適合輪椅者使用的廁所，在無障礙廁所普遍不足的情況下，許多輪椅族外出用餐都會克制喝湯及喝飲料，無法盡興享用佳餚。

每次在探勘過程中，雖然會遇到許多不符合需求的餐廳，但我也沒有默默離開，總是抱持一絲絲改變的期望，不厭其煩地跟每家餐廳說明輪椅族各項需求的規格，包括門寬、走道寬度、座位、廁所等等，建議他們參閱符合目前建築法規的設計圖，期待他們未來在修繕或變更餐廳及廁所設施時，能將這些需求納入設計。

很開心的是，這幾年探勘過程中拜訪的商家與餐廳，有些人真的聽進我們的建議，改善了他們的設施。其中一家是南投國姓鄉的私房餐廳，多年前第一次造訪時，僅有普通的廁所，但當我二〇一七年重訪時，已經變成配備無障礙廁所的餐廳了。還有一些業者，在接待過我們之後，會非常熱心地幫忙留意當地的無障礙環境。我曾經遇過一位果園業者，在我跟他說明我們的需求之後，熟悉當地餐廳的他，主動一一幫我篩選出適合的餐廳供我參考。

輪椅團體用餐　如何選擇餐廳？

那麼到底一群輪椅朋友出遊，要如何選擇餐廳呢？首先，廁所是最重要的，誠如前述，許多輪椅朋友會擔心無廁所可用而不敢喝湯或憋尿，吃起飯來好辛苦，所以尋找餐

若吃合菜，選擇轉盤式圓桌為佳（左圖）。請餐廳先把椅子移走，方便輪椅入座（右圖）

廳時，第一個必須確認的就是，餐廳是否附設無障礙廁所？若對方回答有，最好還是再確認是否真的無障礙，我就曾遇過電話上回覆具備無障礙廁所，現場一看卻是蹲式馬桶，令人傻眼。若未附設無障礙廁所，就再詢問是否為坐式馬桶、廁所門寬是否至少七十五公分，以及廁所空間是否足以容納輪椅進入，若馬桶有扶手會更好。

在餐廳動線方面，餐廳入口必須平坦或有斜坡道，不要有階梯或門檻，否則就必須請店家或自行準備斜坡板。餐廳內的空間與走道，選擇寬敞者為佳，方便輪椅移動及迴轉，餐廳內部也不要有任何門檻與階梯。在座位方面，請餐廳安排靠近入口處的餐桌，這樣比較不會因為需要移動輪椅而被其他桌的椅子卡住動線。

若是吃合菜，桌子以圓桌、有轉盤者為佳，一方面是因為圓桌的空間較能彈性配合輪椅的大小安排座位；另一方面，由於輪椅使用者不方便起身夾菜，因此宜選擇轉盤式餐桌。若是單人份的簡餐，可選擇方便輪椅移動的方桌。

使用自助式餐點　要注意什麼？

許多飯店的住宿方案包含自助式早餐及晚餐。預約這種飯店時，要事先詢問他們如何安排輪椅朋友用餐，buffet餐桌高度是否方便輪椅朋友取用？走道寬度是否夠寬？桌子之間的寬度，足以容納兩台輪椅，以利雙向通行。

我曾經遇過拒絕輪椅團體使用自助式餐點的飯店，他們覺得餐廳現有設施並不方便輪椅使用，甚至有些還明說輪椅使用者會影響一般人的用餐，要我們改用圓桌固定菜色的餐點。因為空間限制而無法讓輪椅朋友享用自助式餐點，常常讓我覺得有些可惜。

不過，我也遇過為了接待輪椅團，特別保留一區，讓我們可以坐在一起，又方便取餐。有一次帶團去日月潭馥麗溫泉飯店，就感受到他們的用心，在出團前，工作人員便事先跟我討論輪椅朋友的用餐細節，著手為我們安排專屬的座位與用餐區，讓我們可以和其他入住的一般房客，享用相同的自助式餐點。

我一方面覺得這是飯店身為服務業應有的精神，另一方面也覺得這樣的溝通能達到互惠的效果。我們的到訪，可以讓飯店學習到接待輪椅團體的細節，而這些經驗相信也有助於飯店未來接待國內外的輪椅朋友，而能提供更精緻的服務。

使用自助式餐點，要先確認餐桌高度及走道寬度是否適合輪椅族（左圖）。婚宴會館的空間較為寬敞，適合輪椅團體用餐（右圖）

就地用餐　享受美景與當地小吃

在規劃輪椅團體旅遊時，為了找到可以容納多台輪椅的餐廳，有時必須移師較遠的地方，無法在景點就近用餐，不僅耗費交通時間，輪椅上下車，也需要一段時間。面對這些問題，我認為在地用餐不失為一種另類選擇。

我們在國內與國外的旅程中都曾體驗過這種作法。有一年在日本參加賞櫻團時，原本預定前往的花園，前一天晚上下大雨，地上變得泥濘不堪，難以通行，旅行社幫我們改到停車場附近欣賞櫻花，到了中午時刻，則為我們準備了精緻的飯盒，讓大夥得以在櫻花樹下享用午餐。微涼的天氣，伴著櫻花海，每個人都覺得這一餐超好吃。

我在台中清水高美濕地，也曾經採用類

在日本，旅行社為我們安排了櫻花樹下的午餐

圓桌較能彈性配合輪椅的大小安排座位

似作法，那時已接近黃昏，高美濕地的晚霞與海水相互輝映，美不勝收，為了讓朋友可以好好欣賞日落，我請當地知名米糕業者送來熱騰騰的米糕，讓大家看到美景的同時，也品嚐到在地小吃。記得那天其他遊客看到我們端著米糕看夕陽，都露出羨慕的眼光，覺得我們好會享受。倘若我們特地跑去店裡吃，不僅會錯過夕陽，恐怕還吃不到，因為台灣許多小吃店空間都比較小，無法容納多台輪椅，如果因為這個原因，而無法吃到在地美食，那不是很可惜嗎？

促進無障礙用餐　你可以這麼做

這幾年來，台灣各地已漸漸具備無障礙觀念了，但在許多風景區，輪椅團體的用餐選擇仍相當有限，很多餐廳明明令人心動，但因為無障礙設施不足，導致輪椅朋友不能進去享用。面對這些困難，除了請身障朋友持續跟店家反映之外，我更期待法規修改，因為法規的效力比起我們挨家挨戶勸說，有效率、也有用多了。

另外，我也期待民眾在網路分享餐廳資訊時，不只拍美食，也能拍攝一些有利於判斷輪椅族是否適合前往的照片，例如大門入口方式、廁所、餐廳動線、餐廳的桌椅配置等。若業者能主動標明入口及廁所門寬、門檻等資訊，這對打造無障礙環境將有很大的幫助。

CHAPTER 23

輪椅朋友一起出來玩吧！

這幾年因為帶團的關係，我看見許多輪椅朋友出來玩，每次大家都玩得很開心，但比較可惜的是，喜歡出來玩的，幾乎都是固定那群人，還有好多朋友因為各種理由不敢跨出第一步，最常見的就是擔心外出不方便，不知道要如何處理自己的身體狀況。

遇到這種擔憂時，我都會說：「那就去問看看別人怎麼做！」克服疑慮最好的辦法，就是多問、多了解。當你擁有足夠的資訊，就會知道，原來很多障礙都是自己想像的，許多困難其實不難解決。若是完全沒有旅遊經驗的人，不妨先參與協會及社團，詢問過來人的經驗，了解他們出外旅遊時如何應付身體的狀況。網路上也有很多人樂於解答這些問題，只要詢問清楚，你就能具體評估外出時，自己可以怎麼做。

不要讓生活的不便　阻礙出遊的夢想

現在大家看我到處遊山玩水，可能以為我是天生玩家，但是一開始旅遊時，我也發生多次令人尷尬的窘境。記得有一次帶團時，我站在遊覽車前方清點人數，長褲不小心脫落，掉在地上，但我卻毫無感覺，好在上衣夠長，遮住了隱私部位，否則就糗大了。還有一次和同學聚餐，脊髓損傷的我，無法感知大小便，直到尿布發出異味才發現，我十分困窘，也深受打擊，但卻未因此害怕出遊，而是趕緊去請教醫師。後來我學會在出門前，用手碰觸肛門解一些出來，這樣就不必擔心了。現在，我還會按摩肚子或是手壓肚臍、身體向前旋轉，或腳踩小板凳，讓排便順暢些。

出門在外，我也很擔心拉肚子，解決辦法就是不吃油膩及帶有起司的食物，但就算如此，有時還是會遇到令人緊張的情況。有一次在宜蘭帶團用完晚餐，上車準備返回台北時，肚子突然怪怪的，感覺隨時會拉肚子，一路上我提心吊膽，還好路程不遠，撐了一個多小時，回到家就沒問題了。去德國旅遊那一次，不知道是不是喝了太多鮮榨柳橙汁，還是吃了黑森林蛋糕的鮮奶油，在搭船時，竟然拉肚子在尿布上，還好我隨身都會攜帶一條褲子，上岸後，立即跑到廁所處理，化解了這場危機。

雖然生活當中有這些不便，但卻阻擋不了我出遊的心。這一切的困難都是過程，總有辦法克服的，千萬不要讓它成為阻礙你出遊的原因。

有些人則是害怕旅遊景點的無障礙設施不足，擔心外出之後頻頻遇到阻礙。如果有這類擔憂的人，建議可以先從跟團開始，因為無障礙旅遊團會幫你排除這些問題，讓你玩起來安心又自在。你可以詢問較常出遊的輪椅朋友，哪一位領隊的口碑比較好，先跟他出去玩看看，建立信心之後，你就可以嘗試更多種玩法、去更多不一樣的地方。現在台灣已經有一些旅行社開設無障礙旅遊團，你可以根據自己的預算，選擇遊覽車團或是六人團，甚至也可以找幾個朋友向旅行社洽談客製化行程。

也有些人很想玩，卻因為經濟問題作罷，但這件事其實也可以克服。如果你真的很想出去玩，不妨努力實現這個夢想，你可以在其他方面節省一點，每年給自己一、兩次出遊的機會，無論國內或國外都好，去看看外面的世界，也犒賞自己平日的努力生活。千萬不要覺得自己的身體狀況，只能待在家裡一輩子，不試試看，你永遠不知道自己行不行。比方說我一直夢想去歐洲，起初也有很多擔憂，像是自己能不能在飛機上待那麼久？行李會不會因為尿布太多滿出來？以及費用是否超出我所能負擔的範圍？但我並未因為這些擔憂而打消念頭，而是持續蒐集更多資訊，不斷注意相關行程，有一天，終於讓我等到一個負擔得起又滿意的行程，最後順利完成夢想。

「當我們同在一起」 從旅遊結交朋友吧！

最重要的是，出遊也是認識朋友的好管道。

這麼多年來帶領輪椅旅遊團，最大的意外收穫，就是許多人因為參加我的旅遊團而變成朋友。起初我帶團的目的很單純，只是希望輪椅使用者能有機會出來走走，我的心力完全放在如何讓旅遊行程流暢無障礙，並未特別關注人的部分。但過了一陣子，我發現原本彼此陌生的人，竟然在下一次參加我的旅遊團時，變成了無話不談的朋友。六年前，當我剛開始帶輪椅團時，參加者還會私訊自己的朋友要不要來參加，這樣比較不孤單，但經過這幾年，有成員說，現在他都不用私訊朋友了，因為會來參加的人，早已都是朋友。

自從當上輪椅導遊以後，我漸漸有一群固定班底，他們有些原本相識，有些完全陌生，可是在旅遊團當中，大家都使用輪椅代步，很容易有相同的話題，不熟的，也漸漸變得熟稔，最後所有人都認識彼此，很容易就聊起天來。尤其是過夜行程，相處時間更長，感情會變得很好，成員還曾要求我做通訊錄，好讓他們可以互相聯絡。現在他們都會自己加Line，相約去吃飯聊天。

每次出遊，大家不只觀賞風景，也會交流許多資訊，比方說就醫資訊、經營投注站的心得、不同廠牌的輪椅使用起來如何、去哪裡買斜坡板等等；同時許多朋友也會互相交流國外的旅遊經驗，像是參加過日本團的朋友，就向即將參加日本團的朋友分享他的經驗，讓對方的心理準備更為充足。這些生活資訊，都很實用，也能讓彼此的感情加溫。

記得在台北市脊髓損傷者協會擔任理事時，每次舉辦活動，大家都會唱〈當我們同在一起〉，歌詞中有一句「當我們同在一起，齊快樂無比。」我覺得這就是我們出遊時的最佳寫照，當十幾台輪椅一起行動，我們從平日被視為少數的一群人，變成多數，大家有著共同的生活經驗、共同的話題，玩起來很自在、很愉快。而且越是熟稔，玩得越瘋，大家會互相軋車，拍照時也會做出許多搞笑的動作，說起玩笑來，更是百無禁忌。我想，出來玩，就是要笑吧！

最後想鼓勵輪椅朋友，心情不好時，不要悶在家裡，不要覺得坐輪椅出門很麻煩，設法出去看看人、看看風景，都會讓自己好過一點，即便只是一個人搭火車看風景，也能調適心情。若可以跟著輪椅朋友一同出去玩更好，因為大家都是坐輪椅的，能理解彼此的狀況與步調，聊天的話題也容易有共鳴，我相信只要出來玩，心情就會得到釋放，生活也會變得不同。

請勇敢踏出第一步吧！

CHAPTER 24

輪椅導遊這條路

二〇一二年，我因為疾病坐上輪椅，歷經漫長的調適與復健，二〇一二年，我變成了輪椅導遊。當時立志蒐集全台灣的無障礙旅遊行程，希望說服旅行社，設立常態性的無障礙旅遊團。四年後，我成功規劃出全台無障礙旅遊路線，也實際帶團操作，但我的導遊之路並沒有因此變得順遂。即便有五十幾次的輪椅旅遊帶團經驗，但旅行社老闆仍然無法信任我這個輪椅導遊，他們覺得我無法像一般導遊那樣從事勞力的工作。

記得有一次台北市政府邀請我去開會，討論開辦身障導遊培訓班的可行性，我表達身障者考上導遊不是問題，問題在於考上之後是否有旅行社願意聘用。很遺憾的是，即便長期從事身障旅遊的旅行社老闆，也表示不會聘用身障者擔任導遊，他們覺得身障朋友有很多限制，無法處理一些勞力工作。

沒有錯，輪椅旅遊確實需要人力協助，例如上下車必須有人收納輪椅、旅遊過程中遇到上下坡，也需要一般人協助。以前身障協會舉辦旅遊活動時，總是出動大批志工來克服環境障礙，現在隨著環境越來越友善，已經不用投入那麼多人力，但還是需要一、兩名工作人員協助，可是旅行社為了節省成本，經常不願意加派人力，而要求導遊獨自處理，雖然節省了成本，結果卻是沒有什麼導遊願意帶輪椅團，終究難以推動成功。

身障導遊雖然無法在勞力上提供協助，並不代表其他部分做不到。我認為旅遊不只有勞力工作而已，行程的規劃與掌握，更是影響旅遊品質的關鍵。這些年來，我並未因為自己行動不便，而讓旅遊行程打折，反而因為自己也是坐輪椅的人，所以更要求各項細節符合輪椅使用者的需求，也因此才會不計成本地全台走透透勘景，為的就是設計出適合輪椅族的旅遊行程。

為什麼無障礙旅遊這麼貴？

曾經有旅行社想發展無障礙旅遊團，找我規劃行程，但待我規劃好之後，卻被一一打槍。首先是利潤問題，老闆覺得若是小車的話，一次只能容納六位輪椅朋友，利潤太低。但在這幾年的操作經驗中，我認為並不是每條路線都能使用大型遊覽車，有些山區路線，還是使用小車比較安全舒適。

再來是司機，老闆問我，只能找這位司機嗎？是否還能找其他司機來比價？但多年下來我與不同司機合作，覺得這位司機的態度與品質不僅是最好的，也是最可靠的，全台擁有升降機的遊覽車，原本就不多，而又具備服務熱忱的，更是有限。這位司機願意投入，我感謝都來不及了，怎麼可能去跟他砍價？

接著，老闆又質疑，飯店的選擇為什麼這麼少？應該多多比價才對。但是現實就是無障礙房間有限，而適用輪椅族的通用房間也有限，才沒有太多比價空間。有人覺得不需要如此要求房間的規格，只要有陪伴者協助或共用無障礙房即可，但這部分我之所以堅持，是希望團員住宿時，能感覺舒適方便且能自理，因為當他們玩起來很自在，才會回來繼續參加。

我說明了各項原因，但旅行社還是希望我去找CP值最好的司機與飯店。就實務上來說，我可以找到更便宜的車子，但風險是遊覽車的升降機有可能比較容易故障或司機不熟悉如何服務輪椅朋友；飯店部分，我也可以找到更廉價的，但代價可能是無障房間更少、一般房的衛浴輪椅又進不去，整體品質一定會下降。坦白說，一分錢一分貨，我並不想為了節省成本而降低旅遊品質，最後就沒有跟這家旅行社合作了。

我知道旅行社不是慈善事業，做生意本來就是在商言商，也能理解他們想降低團費的心情，因為這樣在市場上比較有吸引力。其實我也希望有便宜又超值的無障礙旅遊團，但就目前台灣的無障礙旅遊環境，這點有困難，因為車子有限、飯店選擇也有限，這在在都使得無障礙旅遊團注定高成本，而且沒有比價空間。無障礙旅遊需要持續推動，才會有更多供應商加入，價格才有可能變低。但旅行社往往覺得沒利潤就不做了，但越是不做，無障礙旅遊就越注定高成本。近年來，在台灣推動無障礙旅遊的，仍是少數幾家有心的小型公司，大型旅行社見其無利潤，還是不願意投資。

再者是輪椅使用者的心態，也使得無障礙旅遊的推廣非常艱辛。輪椅族常常抱怨無障礙旅遊的團費很高，但誠如上述，在車子、飯店、餐廳供應有限時，無障礙旅遊的團費勢必比一般團高。大家看到團費高，就直覺地以為供應商這端一定賺很多，但目前在台灣從事無障礙旅遊的業者，大多是以推廣的心情來做這件事，並未因為團費高而擁有較高利潤，他們會投入這個領域，往往基於服務的熱忱，而非以獲利為首要目標。

過往有位合作對象，本身是租賃車旅行社業者，長年經營國外旅客來台的旅遊團，有一天他開始想要服務輪椅族，他抱著回饋社會的心情從事輪椅旅遊租車服務，從未想過要從中獲得龐大利潤。但是因為這種車子的價格與保養費用都很高昂，因此租車費用也比較高。面對高昂的租金，許多客人都跟他殺價，讓他覺得很無奈，最後就決定將有升降機可以載輪椅的車子賣掉。我們就這樣失去一個配合良好的廠商，相當可惜。所以，我總是告訴我的輪椅朋友，要好好珍惜願意投入無障礙旅遊的業者，也要珍惜每次出遊的機會，因為這一切都不是理所當然的。

把握每一天可以呼吸的時刻

跌跌撞撞當了六年多導遊，記得當初導遊老師提醒我：「這條路不好走」，但我仍想試看看，總覺得沒有去做，怎麼會知道。如今我必須承認，這條路真的不好走。有人說，當導遊可以玩、還有錢賺，但其實導遊是很辛苦的工作，除了事前必須花時間勘景之外，帶團當天的十幾個小時也得精神抖擻地陪著大家，無時無刻盤算著時間，思考接下來的行程，還要隨時注意團員的安危與需要，那種壓力真的不為人知。

在經濟報酬方面，付出與回收也常常不成比例，尤其早期導遊的服務費一整天僅有一千五百元，算起來比打工的時薪還低，而且這還不包括行前勘查的費用。如果去計算成本與收益，真的很難做下去。這麼多年來，支撐我的是一股傻勁與初衷，我想要在自己能力所及的範圍，帶輪椅朋友出去玩，也想要讓旅遊業者知道這是可行的。

雖然目前還沒有完全說服旅行社，但我的信仰告訴我，不要用人們有限的眼光看待當下發生的事情，因為上帝的時間與眼光是無限大的，我們時常把自己眼前的小點看得很大，但在上帝看來，是極其微小的事。現在雖然我推廣無障礙旅遊推廣得很辛苦，但也許有一天能孵化為豐碩的成果，也說不定。最重要的是，這幾年我所獲得的東西是無價的，這些勘查的過程、體會與知識，以及帶團的經驗都成為我生命中的養分，也許現在還未被充分利用，但若有一日機緣到來，我馬上就能有所貢獻。

儘管導遊之路充滿未知數，即便身體老是跟我開玩笑，我總相信一切會更好，我要努力把握每一天可以呼吸的時刻。每個人都不知道自己未來會怎麼樣，有可能更好，有可能更壞，唯一能把握的就是自己目前的樣態，所以就把自己目前的樣子表現到最好吧！不用去擔憂未來，也不用懊悔過去，就像演員一般，只要專注於扮演好目前的角色，每一天就是有價值的。

這些年來，我學會坦然接受生命中的各種變化，以前我會埋怨自己努力開發行程，卻沒有旅行社找我當導遊，但現在我認為，至少我去了很多地方，看了很多風景，這些時間並沒有白費，每一趟旅程我都很快樂，若有機會帶別人出去玩，那很好，若沒有的話，我就再嘗試別條路。

PART
04
好玩推薦篇

台灣25大無障礙景點

HOT SPOT 1

苗榜海芋園

吃野菜、賞海芋、品咖啡

苗榜海芋園是台北陽明山竹子湖觀光海芋園當中，佔地最廣的，在裡面可以觀賞海芋、泡咖啡、品茶，也能享用野菜料理。在竹子湖眾多海芋園當中，這裡的設施最能讓輪椅使用者近距離觀賞海芋，不僅可以聞到花香，也能看到花蕊的模樣，是非常棒的賞海芋地點。可順道遊覽擎天岡。

1.2. 海芋園旁的步道

3. 苗榜園區餐廳

地址：台北市北投區湖田里竹子湖路56-7號（海芋大道）

電話：02-28615419

海芋花期 三月至五月

交通 自行開車或搭乘無障礙計程車

無障礙廁所

✓ 苗榜停車場

★ 流動式廁所，僅花季期間才有

✓ 苗榜海芋園

★ 非標準無障礙廁所，但門寬夠寬，且為坐式馬桶

用餐

苗榜海芋園餐廳

可單點，也可以吃合菜，也供應茶點與咖啡

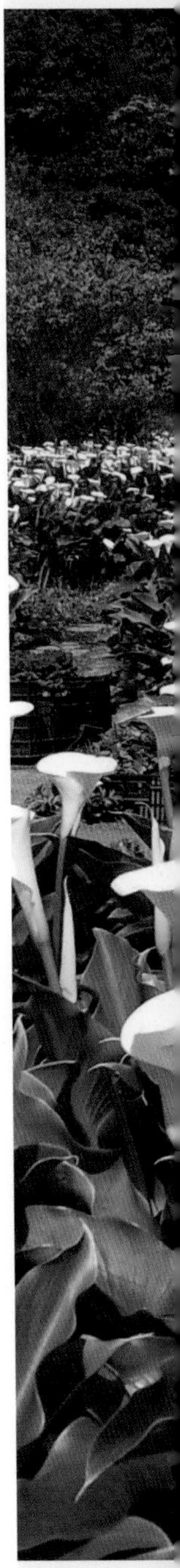

HOT SPOT
2

九份

老街與山城風光

台北近郊的山區礦城，高低起伏的老街，獨具特色。瑞芳火車站外面有多班通往九份的低地板公車，抵達九份後，輪椅朋友可從基山街的7-11入口進入老街，惟有些路段有陡坡，最好有協助者同行。沿途的店家，大部分都有階梯，但可在路邊購買外帶食物。可順道遊覽黃金瀑布、黃金博物館園區與南雅奇岩。

1

2

3

1. 輪椅可從基山路進入老街
2. 芋料理景觀餐廳
3.4. 從7-11進入基山街以後，走到岔路處右轉往輕便路，廁所位於輕便路上

大眾運輸

台鐵「瑞芳站」▶788、827▶九份老街
台鐵「瑞芳站」出站左轉，在警察局旁的公車站，有多條低地板公車路線

台灣好行「黃金福隆線」(856) ▶九份老街
台灣好行「黃金福隆線」(856) 是全線低地板，788、827也有部分低地板公車

無障礙廁所 輕便路上

用餐

九份輕便路遊客中心
芋料理景觀餐廳（霞海城隍廟旁）
- 新北市瑞芳區輕便路194號
- ☎ 02-24967552
- 無障礙廁所
- ★ 通往廁所的坡度較陡，輪椅要小心，請陪伴者在後方扶好，或請業者幫忙

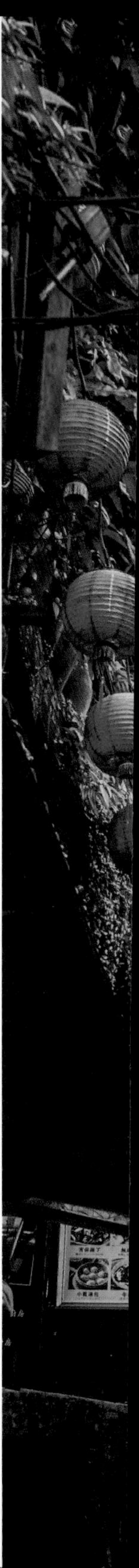

HOT SPOT 3

八里左岸

河畔夕陽的悠閒時光

八里是座落於淡水河畔的小島，在河岸邊喝咖啡、觀賞淡水夕陽，非常愜意。喜歡到處晃晃者，可以沿著自行車道，從碼頭逛到左岸公園，也可以從左岸公園走去碼頭，風景比淡水老街迷人。可順道遊覽十三行博物館。

1. 八里自行車道
2. 八里街上的攤販

大眾運輸

台北捷運「關渡站」▶紅13線（R13）▶渡船頭站

也可搭到「左岸公園」站，這裡輪椅上下車較方便

台北捷運「關渡站」▶紅22線（R22）▶渡船頭站

無障礙廁所 ✓ 八里左岸公園 ✓ 十三行博物館

用餐

BaLi水灣四季景觀餐廳

新北市八里區觀海大道39號

☎ 02-26195258

無障礙廁所　無障礙坡道

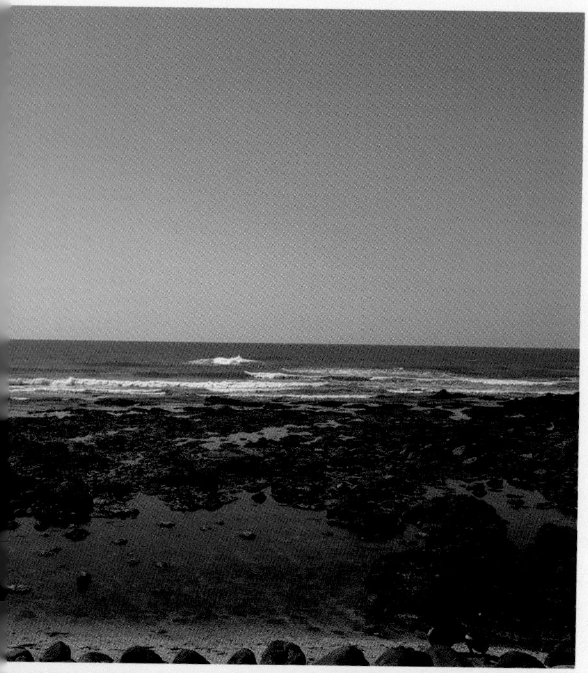

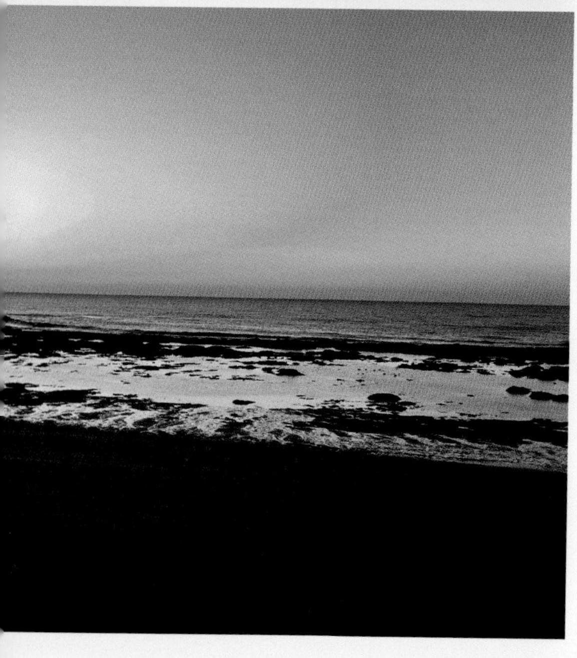

HOT SPOT 4

北海岸

碧海藍天與綠石槽

北海岸是台北近郊可以望海休閒的地方，從淡水捷運站轉乘公車就可以享受海岸暢遊。沿途有多個景點可以停留，包括淺水灣、石門洞、老梅、富貴角燈塔、麟山鼻步道等，四、五月至老梅，還可欣賞美麗的石槽景觀。喜歡吃海鮮的人，可以到富基漁港，那邊有多家海鮮餐廳可供選擇。

1. 富貴角燈塔為台灣極北端的燈塔
2. 富貴角步道，輪椅可通行，部分路段較陡或有風吹沙丘，須人力協助
3. 富基漁港有多家海鮮餐廳

大眾運輸

台北捷運「淡水站」▶ 863 公車

無障礙廁所

✓ 石門洞 ✓ 老梅
✓ 富貴角燈塔 ✓ 富基漁港
✓ 麟山鼻步道漁港安檢站
✓ 淺水灣停車場

用餐

海都市餐廳

新北市三芝區後厝里54-8號
☎ 02-26363139
就近使用淺水灣停車場的無障礙廁所。鄰近淺水灣，從步道那頭進入餐廳，馬路邊有階梯

VILLA SUGAR

新北市三芝區土地公坑54-16號
☎ 02-26361585
就近使用淺水灣停車場的無障礙廁所。鄰近淺水灣，從步道那頭進入餐廳，馬路邊有階梯

石門洞，輪椅從石門洞口旁的空地繞進去，可至沿海步道觀賞海景（上圖）石門海邊與沿海步道（下圖）

麟山鼻步道，從北觀風景區管理處旁邊的馬路走到底，即可抵達（左圖）淺水灣（右圖）

老梅在四、五月會形成壯觀的綠石槽景觀，退潮時，輪椅可以上步道

HOT SPOT 5

新北

野柳
女王頭與海蝕景觀

野柳為受海蝕與風化形成的世界奇觀，其中以女王頭最有名。園區多處為無障礙環境，入口處即有無障礙坡道，但有些路段坡度較陡，最好有陪伴者協助較為安全。若要與女王頭合影，可由女王頭拍照步道的出口處逆向進入，負責女王頭區域的工作人員會幫忙協調，讓輪椅使用者優先拍照。野柳步道的出口為旋轉門，輪椅使用者須由剪票口進出，可順道遊覽龜吼漁港。

1. 輪椅使用者可以與公主頭近距離拍照
2. 野柳的無障礙坡道很完善
3. 女王頭的步道

大眾運輸

台鐵「基隆站」▶台灣好行「龍宮尋寶（西岸）線」T99▶野柳

台灣好行的站牌在陽明海洋文化藝術館對面的萊爾富旁，5-10月為整點一班，11-4月為兩小時一班。全線低地版公車，可以容納兩台輪椅

無障礙廁所

✓ 售票口 ✓ 野柳旅客服務中心
✓ 步道中間 ✓ 停車場

用餐

女皇餐廳

新北市萬里區野柳里港東路163號
02-24922049
可就近使用野柳地質公園的無障礙廁所

三明美食

新北市萬里區漁澳路64之5號
02-24924932
無障礙坡道
可使用龜吼停車場的無障礙廁所

菱悅酒店野柳渡假館

新北市萬里區港東路162-2號
02-77035777
無障礙坡道 無障礙廁所

HOT SPOT 6

烏來內洞

壯麗優美的瀑布與森林浴

台北近郊最方便輪椅觀賞瀑布的地點，森林環繞，水源豐沛，其中蘊含的陰離子，為全台森林遊樂區之冠。從園區入口處通往觀瀑步道，全長約一公里，平緩無坡，輪椅族可以一路通往觀賞瀑布的樂水橋，全程無障礙。裡面沒有販賣食物，建議自行攜帶餐點過去。可順道遊覽烏來老街。

1. 在樂水橋上，可近距離觀賞瀑布
2. 樂水橋旁的休息區
3. 烏來老街

交通

須自行開車或搭乘無障礙計程車

無障礙廁所

✓ 售票入口旁 ✓ 步道中途
✓ 烏來立體停車場
✓ 烏來遊客中心
✓ 烏來泰雅民族博物館

用餐

烏來老街的多家餐廳入口皆有斜坡道，可就近使用烏來泰雅民族博物館的無障礙廁所，但僅開放到17:00，晚餐建議到烏來立場停車場使用無障礙廁所

翡翠谷飲食店

- 新北市烏來區烏來街26號
- ☎ 02-26616198
- ★ 用餐可免費泡腳

雅各原住民山豬肉香腸 烏來必吃美食

- 新北市烏來區烏來街84號
- ☎ 0955-167796

HOT SPOT 7

和平島&潮境公園

奇特的海岸風景與裝置藝術

喜歡看海的朋友可到基隆和平島公園及八斗子潮境公園走走。和平島遊客中心外面有一小段木棧步道，可通往觀景平台。位於海洋科技博物館旁的潮境公園，臨望海巷海灣，可以眺望九份與基隆山，人行步道少數有階梯，大部分為平整路段，輪椅可通行。另外，公園內還有許多特別的裝置藝術，是熱門拍照地點。

1. 潮境公園有許多裝置藝術品
2. 潮境公園的步道
3. 和平島觀景涼亭。前往涼亭途中，需要人力協助越過一個小台階，跨過台階後，坡度較陡，亦須人力協助

大眾運輸

潮境公園
台鐵「瑞芳站」或「基隆站」▶台灣好行「龍宮尋寶東岸線」▶國立海洋科技博物館站

台鐵「基隆站」(海洋廣場)▶791、1051▶海科館站

和平島公園
台鐵「瑞芳站」或「基隆站」▶台灣好行「龍宮尋寶東岸線」▶和平島公園站

無障礙廁所

✓ 和平島公園遊客中心
✓ 潮境公園潮境中心

用餐

碧砂休閒港區
無障礙廁所
★ 鄰近潮境公園（車程8分鐘，走路約半小時），也可以採買魚貨

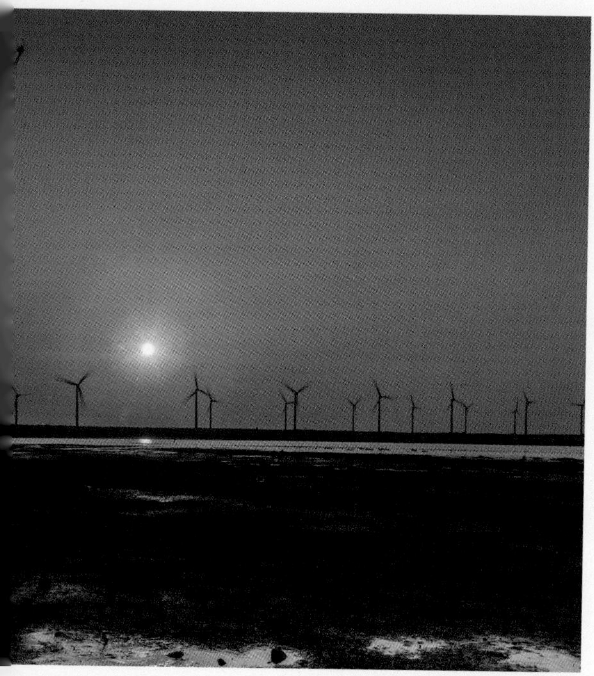

HOT SPOT 8

高美濕地

海日相映的絕美夕陽

被譽為一生至少必遊一次的景點，擁有豐富的潮間帶生物，與海日相映的絕美夕陽景色。輪椅從海堤邊的人行道進入，可觀賞高美濕地全景，沿路直行即可抵達通往濕地的木棧道。須留意木棧道會配合潮汐時間開關，漲潮前二小時，木棧道就會開始封閉，漲潮後二小時，木棧道才會重新開放。

RECOMMEND!

特色店家推薦　宮原眼科二店（第四信用合作社）

宮原眼科的側門，可供輪椅進出（左圖）。宮原眼科的冰淇淋（右圖）

到台中必吃的冰淇淋，距離台中火車站1.4公里。抵達店家時，輪椅可以從側門的斜坡道進入。

台中市中區中山路72號　☎ 04-22271966

1. 海堤邊有無障礙坡道，輪椅由此進入木棧道
2. 進入木棧道的匣門晚間會關閉，須注意時間

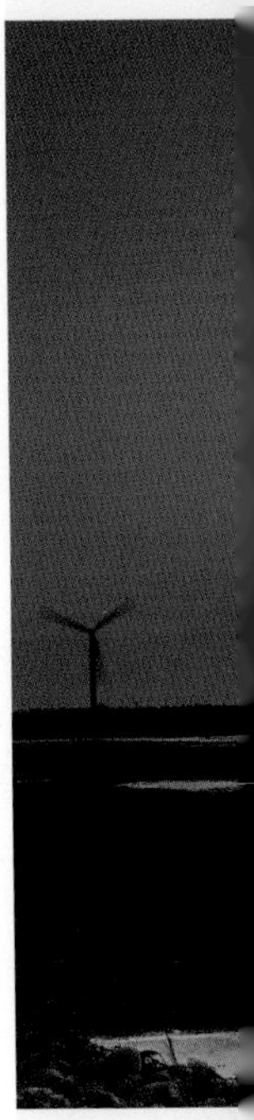

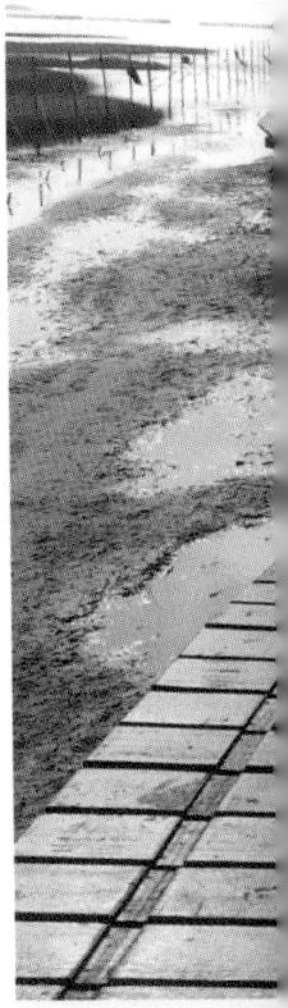

大眾運輸

台鐵「台中站」▶第一廣場309公車▶高美濕地
台鐵「清水站」▶688公車（僅假日行駛）▶高美濕地

無障礙廁所　✓ 高美濕地遊客中心

HOT SPOT 9

武陵農場紅粉佳人

萬紫千紅的山中花園

紅粉佳人是武陵農場栽培的特有品種，由日本昭和櫻和中國櫻桃樹接枝而成，粉紅色單瓣花瓣密集盛開時猶如繡球。此處有上萬株櫻樹，是台灣規模最大的紅粉佳人櫻花園。從武陵農場大門進去，即可沿路欣賞櫻花，救護站有最美麗的花海。另一必遊路線為茶園步道，從武陵茶莊對面經過兆豐橋，一路往上的茶園步道到日月亭至高點為陡坡，需要人力協助。

1. 從茶莊前往日月亭這段路較陡
2. 妙高臺櫻花隧道

紅粉佳人櫻花花期

二月中至二月底，三月另有其他品種櫻花

交通

須自行開車或搭乘無障礙計程車

★ 花季期間有交通管制，自行開車而未訂到房間者，不能進入園區
★ 一日遊旅客，身障團體可申請通行證，一天有三個名額（限20人以下的車）

無障礙廁所

✓ 武陵旅客服務中心 ✓ 武陵茶莊

用餐（以下地點皆在武陵農場內）

武陵遊客服務中心和福利站
☎ 04-25901350

武陵茶莊 ☎ 04-25901268

武陵山莊 ☎ 04-25901288
中午提供簡餐，晚餐的小火鍋以住客優先

武陵國民賓館 ☎ 04-25901259

富野渡假村 ☎ 04-25901399

住宿

武陵國民賓館
台中市和平區平等里武陵路3-1號
☎ 04-25901259 2間無障礙房

武陵富野渡假村
台中市和平區武陵路3-16號
☎ 04-25901399 2間無障礙房

HOT SPOT 10

日月潭

台灣NO.1的無障礙景點

日月潭是台灣無障礙設施最完善的景點，水陸空皆能遊玩。陸地有無障礙環湖步道，全長約三公里，坡度平緩，從水社走到向山遊客中心，慢慢散步拍照，大約花費一小時，也可搭乘無障礙環湖巴士；水的部分有無障礙遊艇；空則有連接九族文化村的無障礙纜車，全長一點八七七公里。

日月潭最美的時刻為傍晚與清晨，建議至少住在裡面一晚。行程安排方面，第一天建議從向山遊客中心走步道去向山眺望平台，接著再從遊客中心走往水社的自行車步道，途中經過的水社壩是最美的拍照點。第二天可以搭船遊湖到伊達邵享用午餐，再走步道去搭纜車到九族文化村遊玩。

日月潭纜車

大眾運輸

高鐵「烏日站」或台鐵「台中站」▶台灣好行「日月潭線」

台灣好行日月潭線（南投客運6670）目前已配置二輛具升降設備之無障礙公車，並設有二個輪椅席位。每週六、日皆有二班車次往返台中-日月潭，平日可提前電話預約搭乘

☎ 049-2984031#18

日月潭遊湖巴士（南投客運6669）

均為低地板公車，須向南投客運預約

日月潭無障礙遊艇（須預約）

聖愛貳號（有配合綠湖船班）

☎ 049-2850202

希望之星（僅供包船）

☎ 049-2856438

到天主教日月潭聖愛營地無障礙遊艇（須預約）

☎ 平日04-22068416、0925-150202
假日0936-480202

無障礙廁所

- ✓ 水社遊客中心
- ✓ 日月潭水社中興停車場
- ✓ 向山遊客中心
- ✓ 伊達邵遊客中心
- ✓ 伊達邵公車站牌旁
- ✓ 纜車站
- ✓ 文武廟停車場

用餐

日月潭水社、向山遊客中心

必吃美食為所長茶葉蛋、紅茶冰淇淋（位於向山遊客中心）

伊達邵瑪蓋旦風味餐廳

南投縣魚池鄉豐年街42號

☎ 049-2850523

輪椅有另外的斜坡道出入口

住宿

大淶閣飯店

南投縣魚池鄉中山路101號

☎ 049-2856688　1間無障礙房

碼頭休閒大飯店

南投縣魚池鄉中山路101號

☎ 049-2855143　1間無障礙房

日月潭大飯店

南投縣魚池鄉中山路419號

☎ 049-2855511　1間無障礙房

雲品溫泉酒店

南投縣魚池鄉中正路23號

☎ 049-2856788　3間無障礙房

景聖樓湖畔飯店

南投縣魚池鄉中正路58號

☎ 049-2855366　1間無障礙房

日月潭教師會館

南投縣魚池鄉中興路136號

☎ 04-25901399　1間無障礙房

日月潭青年活動中心

南投縣魚池鄉日月村中正路101號

☎ 04-2850070　1間無障礙房

日月行館

南投縣魚池鄉中正路139號

☎ 049-2855555　1間無障礙房

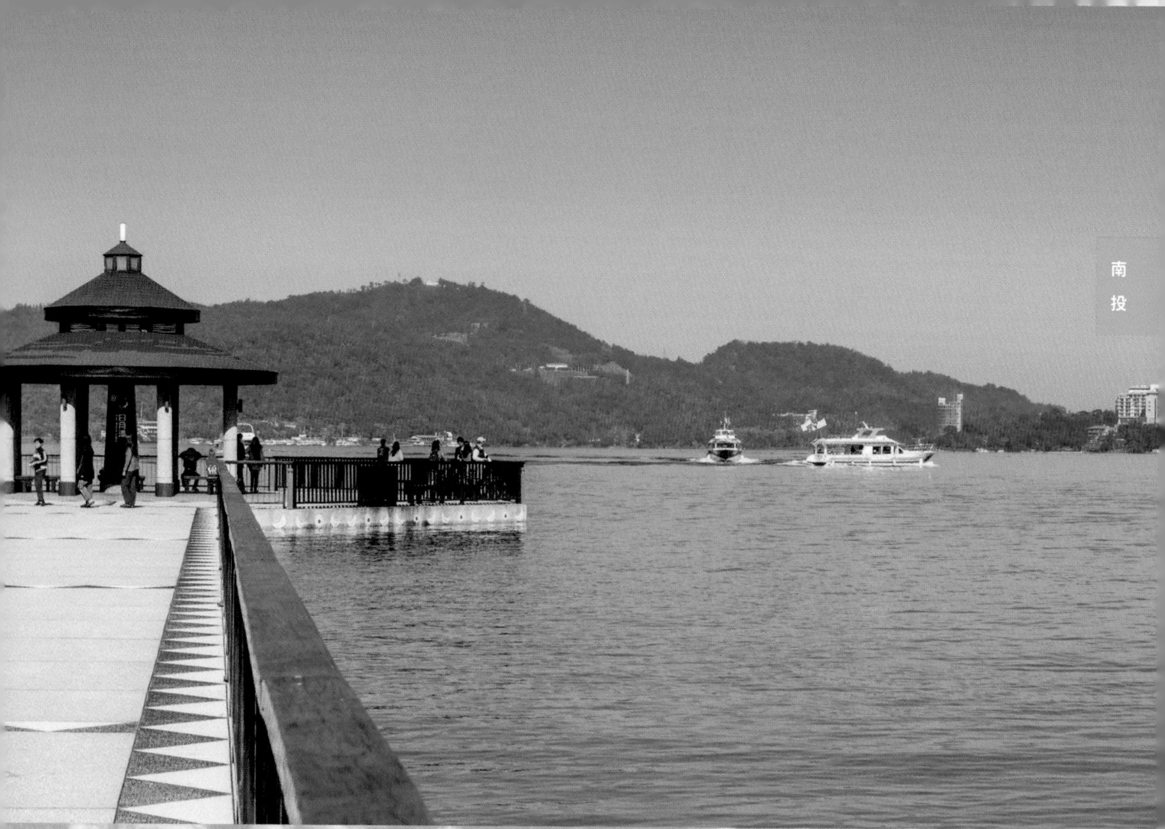

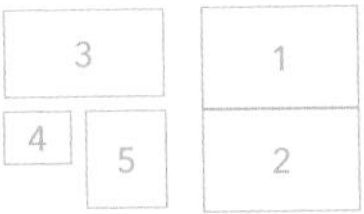

1. 伊達邵碼頭
2. 水社壩環湖步道
3. 向山眺望平台
4. 無障礙遊艇
5. 日月潭伊達邵步道

HOT SPOT 11

清境農場高空觀景步道

遠眺連綿的群山與青青草原

可眺望中央山脈群峰，感受台灣高山的壯闊。步道全長一點二公里，輪椅可雙向會車，不過僅能從清境農場南口對面進出，抵達步道終點必須原路折返。部分路段有坡度，輕型電動輪椅或加掛車頭者，要特別小心或請人幫忙。

觀山牧區步道已由植草磚改為水泥路，方便輪椅行走，由南口販售區往上到觀山牧區是上坡，輪椅要小心。綿羊秀步道可從北口城堡大門進入，但坡道非常陡，輪椅使用者不能自行進入，一定要有協助者同行。

1. 輪椅須從清境農場北門城堡旁的入口進入剪毛秀步道
2. 天空景觀步道
3. 綿羊秀步較陡，一定要有協助者同行

交通

須自行開車或搭乘無障礙計程車

無障礙廁所

✓ 觀山牧區門口旁 ✓ 國民賓館

用餐

清境農場南口有多個攤販

清境農場國民賓館

南投縣仁愛鄉定遠新村25號
049-2802748
無障礙廁所

住宿

清境農場國民賓館

南投縣仁愛鄉定遠新村25號
049-2802748 2間無障礙房

HOT SPOT 12

溪頭自然教育園區

舒暢涼快的森林浴

位於南投山區的溪頭自然教育園區，森林面積廣大，是享受森林浴與避暑勝地。溪頭園區主幹道為柏油路面，適合輪椅行走，可先至大學池，再前往位於樹梢的空中走廊，但沿路陡坡多，電動輪椅較為耗電，須注意電力。空中走廊的入口及走廊寬度，適合寬六十六公分以下的輪椅進出。

溪頭的空中走廊

大眾運輸

高鐵「台中站」▶員林客運6883▶溪頭（僅週六行駛）

溪頭▶員林客運6801▶日月潭（僅週日行駛）

搭乘6883、6801無障礙班次，須先向員林客運竹山站預約

員林客運有無障礙巴士到溪頭，可規劃星期六到高鐵台中站轉搭6883公車到溪頭住一晚。星期日搭6801到日月潭再住一晚，接著再預約台灣好行日月潭線回高鐵台中站，或到集集遊玩

無障礙廁所

- ✓ 第一售票口 ✓ 二售票口
- ✓ 森林生態展示中心地下室
- ✓ 神木販賣區 ✓ 大學池販賣區
- ✓ 草坪區—露天音樂會場

用餐

妖怪村主題餐廳

- 南投縣鹿谷鄉興產路2號
- ☎ 049-2612377
- 無障礙廁所

立德餐廳樓

- 南投縣鹿谷鄉森林巷9號
- ☎ 049-2612588
- 無障礙廁所

住宿

米緹大飯店

- 南投縣鹿谷鄉米堤街1號
- ☎ 049-2612222　1間無障礙房

孟宗山莊大飯店

- 南投縣鹿谷鄉興產路3號
- ☎ 049-2612131　1間無障礙房

杉林溪粉紅佳人櫻花

充滿夢幻的粉色森林

海拔一千六百公尺高的杉林溪，擁有自然原始的森林與瀑布，一年四季皆可賞花，一、二月是鬱金香，二月下旬至三月初有粉色櫻花，三月有牡丹花、杜鵑。夏天登場的則是波斯菊、繡球花。秋天可賞楓、十一月有水杉，冬天有蠟梅。氣候為溫帶季風氣候區，夏季平均溫度為二十度。

藥花園、花卉中心需要搭乘遊園車才能抵達。主題會館對面的青龍蕨類步道，可以看到青龍瀑布，輪椅使用者要從龍珠橋過去右轉，再進入步道入口。步道前段路況平坦，後段坡度較陡，要有陪伴者同行才安全。

通往青龍瀑布步道的匣門

粉紅佳人櫻花花期 二月下旬至三月初

大眾運輸

台鐵「台中站」▶員林客運「台中站」▶6871公車▶杉林溪站

欲搭乘無障礙班次者，須先向員林客運竹山站預約

☎ 049-2642005

無障礙廁所

✓ 主題會館旁 ✓ 自然教育中心 ✓ 紅樓 ✓ 杉林溪大飯店餐廳 ✓ 藥花園

用餐

杉林溪主題會館

南投縣南投縣竹山鎮溪山路6號

☎ 049-2611217

無障礙廁所

杉林溪大飯店

南投縣竹山鎮溪山路6號

☎ 049-2611217

無障礙廁所

住宿

杉林溪主題會館

南投縣竹山鎮溪山路6號

☎ 049-2611217 3間無障礙房

★ 空間較小，適合一位輪椅使用者搭配一位陪伴者使用

HOT SPOT 14

阿里山

森林小火車與台灣最美的日出

阿里山國家森林遊樂區是台灣著名的觀賞日出景點，對輪椅旅遊來說，則是近年無障礙設施增加最多的景點。從最初小火車沒有輪椅座位、門寬不足，如今已經有輪椅車廂。在第二管制區部分，現在身障者也可預約申請開車進入祝山平台看出日；香林神木也規劃了無障礙平台動線；園區多處也陸續設置了無障礙廁所。輪椅朋友可搭乘阿里山小火車到沼平車站遊玩，旁邊的櫻之道為無障礙坡道。

*身障者自駕預約進入阿里山管制區辦法，洽阿里山旅服中心，05-2679917。

1. 月台與火車有落差，工作人員會準備斜坡板
2. 阿里山小火車內部座位，照片前方為輪椅座位

3. 香林神木的無障礙平台
4. 沼平公園旁的櫻之道

大眾運輸

高鐵「嘉義站」▶台灣好行阿里山A線
部分無障礙班次，須電洽確認
☎ 05-2788177

台鐵「嘉義站」▶台灣好行阿里山B線
部分無障礙班次，須電洽確認
☎ 05-2788177

無障礙廁所

✓ 阿里山遊客中心 ✓ 第一管制哨
✓ 阿里山車站 ✓ 沼平車站

用餐

山芝鄉風味館
嘉義縣阿里山中正村23號
☎ 05-2679839
就近使用阿里山遊客中心的無障礙廁所

阿里山閣大飯店餐廳
嘉義縣阿里山鄉香林村1號
☎ 05-2679278
無障礙廁所

住宿

阿里山閣大飯店
嘉義縣阿里山鄉香林村1號
☎ 05-2679278 1間無障礙房

阿里山賓館
嘉義縣阿里山鄉香林村16號
☎ 05-2679811 1間無障礙房

HOT SPOT 15

鹽鄉濱海線

郵輪式列車的暢遊體驗

這條路線的台灣好行採用郵輪式列車，一日可暢遊好幾個景點。早上十一點半發車的班次，為低地板公車，行駛時間約八小時。從嘉義市先期交通轉運中心出發，沿途停靠嘉義高鐵站、故宮南院、東石漁人碼頭、高跟鞋教堂、好美里3D彩繪村、北門遊客中心。每站分別停留三十分鐘至一個半小時不等，例假日還有隨車的導覽解說服務。

1. 故宮南院
2. 高跟鞋教堂
3. 好美里3D彩繪村

大眾運輸

高鐵「嘉義站」▶台灣好行「鹽鄉濱海線」
部分無障礙巴士，須預約
☎ 05-2750895#33

無障礙廁所

✓ 故宮南院 ✓ 東石漁人碼頭
✓ 北門遊客中心

井仔腳鹽田

一望無際的天際線與彩霞

北門第一座鹽田，現存最古老的瓦盤鹽田遺址。雪白的鹽田景觀，在夕陽照射時，會倒映出天空美麗的光彩，而北門潟湖一望無際的天際線跟雲彩，更讓此地成為攝影勝地。從井仔腳沿著自行車道，可以到北門水晶教堂，約二點三公里。

水晶教堂

公共廁所

交通

須自行開車或搭乘無障礙計程車

無障礙廁所 ✓ 鹽田旁的公共廁所

用餐

北門遊客中心

台南市北門區北門里200號

06-7861017

無障礙廁所

HOT SPOT 17

雙春濱海遊憩區

小忘憂森林

位於台南的雙春濱海遊憩區，素有「小忘憂森林」之稱，白色的木麻黃枯木與水面交織而成的倒影，吸引很多人來此拍攝婚紗。

園區裡面有沿著紅樹林設置的木棧道，走進裡面第二段木棧道，一下子就可以看到枯木在水中的倒影，也就是小忘憂森林所在之處。木棧道部分路段木板有破損，輪椅行走時，要特別小心。

1. 園區的木棧步道，無階梯，輪椅可全線通行
2. 入口處的螃蟹造景
3. 部分路段破損，需要小心通過

大眾運輸

台鐵「新營站」▶大台南公車新營轉運站▶棕1支線公車▶雙春濱海遊憩區

大台南公車佳里轉運站▶棕幹線▶鹽水站▶棕1支線公車▶雙春濱海遊憩區

無障礙廁所 ✓ 園區裡面

用餐

雙春濱海遊憩區

僅假日供餐

北門遊客中心

台南市北門區北門里200號

06-7861017

無障礙廁所

住宿

台南市勞工育樂中心

台南市南區南門路261號

06-2150174　3間無障礙房

香格里拉台南遠東國際大飯店

台南市東區大學路西段89號

06-7028888　4間無障礙房

HOT SPOT 18

田寮月世界

彷如月球表面的奇異地質景觀

位於高雄的田寮月世界，具備特殊地質景觀，因為是不毛之地，無植物覆蓋，有著淒涼荒漠的美感，就像月球之景象而名聞遐邇。園區內的環湖步道、惡地步道方便輪椅行走，同時也有設置無障礙廁所。可以順道遊覽崗山之眼。

1. 崗山之眼天空廊道
2. 崗山之眼玻璃觀景台
3. 崗山之眼的無障礙步道

大眾運輸

高雄捷運「南岡山」▶紅70B▶月世界

低地板公車須預約

港都客運 ☎ 07-3661986

♿ **無障礙廁所** ✓ 解說中心

用餐

見和土雞山莊

高雄市田寮區月球路45號

☎ 07-6366834

♿ 就近使用月世界的無障礙廁所

山頂土雞城

高雄市田寮區崇德里月球路36號

☎ 07-6366232

♿ 無障礙廁所

屏東

HOT SPOT 19

墾丁

徹底放鬆的南洋度假風情

墾丁是台灣最南端的海邊景點，一望無際的深藍大海，可以讓人瞬間忘卻煩惱。沿途有多個景點適合停留，首推「國立海洋生物博物館」，館內無障礙設施完善，可安排一整天的行程。「最南點」就是台灣最南端的地方，左邊屬太平洋，右邊巴士海峽，具備無障礙步道，可通往木造平台，眺望海景。

貓鼻頭是恆春半島向巴士海峽延伸而出的突兀點，外形狀如蹲伏的貓而得名，為典型的珊瑚礁海岸侵蝕地形，鳥瞰似女孩的百褶裙，故有裙礁海岸之稱，有一條無障礙步道。「砂島」是著名的貝殼砂灘，色澤亮麗，晶瑩剔透。「南灣」有美麗的白色沙灘，輪椅可從木棧道平台觀賞海景風光。

黃昏時分，可到CNN評為世界十二大夕陽美景之一的關山夕照。另外，夜宿墾丁時，別忘了去墾丁大街逛一逛，目前街上也有無障礙廁所了。

1. 貓鼻頭
2. 最南點
3. 關山夕照

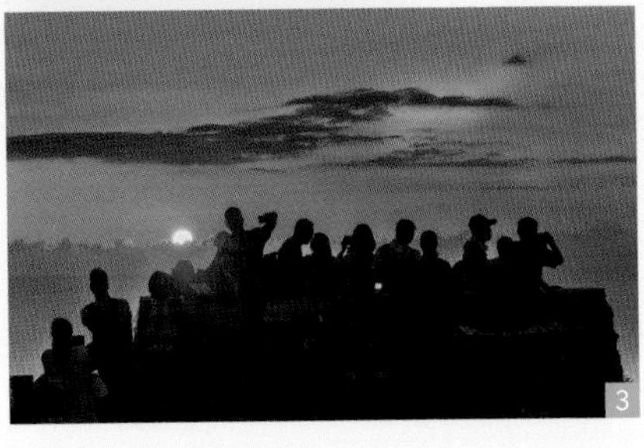

大眾運輸

高鐵「左營站」▶台灣好行「墾丁快線」(9189)

無障礙公車，須三天前預約

☎ 0800-777767

若要去國立海洋生物博物館，可以前一天電洽屏東客運恆春轉運站，詢問無障礙公車班次時間 ☎ 08-8891464

搭乘大眾運輸只能定點玩，建議在墾丁還是包車比較方便。

無障礙廁所

- ✓ 國立海洋生物博物館
- ✓ 貓鼻頭公園
- ✓ 砂島
- ✓ 墾丁大街

1. 墾丁大街　2. 南灣無障礙觀景平台　3. 最南點無障礙步道　4. 貓鼻頭無障礙步道

住宿

墾丁凱撒大飯店
屏東縣恆春鎮墾丁路 6 號
08-8861888　3 間無障礙房

墾丁福華渡假大飯店
屏東縣恆春鎮墾丁路 2 號
08-8862323　1 間無障礙房

墾丁夏都沙灘酒店
屏東縣恆春鎮墾丁路 451 號
08-8862345　2 間無障礙房

南仁湖小墾丁渡假村
屏東縣滿州鄉滿州村中山路 205 號
08-8802880　6 間無障礙房

華泰瑞苑賓館
屏東縣恆春鎮公園路 101 號
08-8863666　1 間無障礙房

墾丁怡灣渡假酒店
屏東縣恆春鎮恆公路 998 號
08-8899968　1 間無障礙房

墾丁悠活渡假村
屏東縣恆春鎮萬里路 27-8 號
08-8869999　3 間無障礙房

墾丁美棧大街旅店
屏東縣恆春鎮墾丁路 235 號
08-8862988　1 間無障礙房

HOT SPOT

20

台東森林公園、琵琶湖、三仙台

綠波蕩漾的人間仙境

台東森林公園當中有著仿如人間仙境的琵琶湖，還有多條自行車道可供輪椅行走，建議沿著自行車道穿越木麻黃林到琵琶湖，再到海濱公園國際地標。

三仙台為台東縣成功鎮海邊景點，由離岸小島和珊瑚礁海岸構成，島上有三塊巨大岩石。輪椅可沿著步道至連接三仙台的八拱橋，再順道遊覽三仙台旁邊的比西里岸幾米園區。台灣好行「東部海岸線」停靠的小野柳、水往上流、加路蘭等景點，也非常推薦。

三仙台

1. 森林公園裡的自行車步道
2. 琵琶湖

大眾運輸

台鐵「台東站」▶台灣好行「東部海岸線」

台灣好行無障礙公車須電話預約

鼎東客運　☎ 089-333443

無障礙廁所

✓ 森林公園　✓ 三仙台　✓ 小野柳

✓ 水往上流　✓ 加路蘭

用餐

台11線花田料理餐館

台東縣成功鎮忠孝里美山路139之2號

☎ 089-871909

近三仙台，可使用成功鎮農會農特產品展售中心的無障礙廁所

台東海濱公園的國際地標

住宿

台東桂田喜來登酒店

台東市正氣路316號

089-328858　3間無障礙房

真善居民宿

台東縣台東市康樂路30號

0905-236500　5間無障礙房

娜路灣會館

台東市中興路二段385號

089-235500　1間無障礙房

娜路灣大酒店

台東市連航路66號

0800-239888　4間無障礙房

娜路灣花園酒店

台東市新興路77號

089-231111　1間無障礙房

娜路灣銀河酒店

台東市豐興路66號

089-382666　2間無障礙房

娜路灣銀河行館

台東市豐興路88號

089-383366　1間無障礙房

凱旋星光酒店

台東市臨海路一段38號

089-329588　1間無障礙房

原住民文化會館

台東市中山路10號

089-340605　1間無障礙房

HOT SPOT 21

池上伯朗大道

奔馳於一望無際的稻浪

池上鄉的稻作區，因為伯朗咖啡在此拍廣告，而得此名。稻田中間沒有任何一根電線杆，一望無際的稻田，在不同季節有著不同的景象，春夏是鮮嫩的小苗與綠浪，秋天是等待收割的黃金稻浪。每年秋天會在稻田間舉辦秋收稻穗藝術節及演唱會，是台灣深具特色的藝術節慶。

伯朗大道全年管制，禁止汽車與機車進入，僅開放自行車、輪椅與步行進入，輪椅朋友可於田間柏油路穿梭，體驗田園風光。

大眾運輸

台鐵「台東站」▶鼎東客運（山線）池上線▶伯朗大道站

有固定的無障礙班次，可於搭車前一日中午前電話預約無障礙公車

鼎東客運　☎ 089-333443

台鐵「池上站」▶前往伯朗大道，約4.1公里

無障礙廁所　✓ 池上保安宮旁

用餐

池上飯包文化故事館

台東縣池上鄉忠孝路259號

☎ 089-862326

無障礙廁所

池上農會田媽媽餐廳

台東縣池上鄉新興村七鄰85-6號

☎ 089-865936

無障礙廁所

住宿

台糖池上牧野渡假村

台東縣池上鄉新興村110號

☎ 089-863105　6間無障礙房

日暉渡假村

台東縣池上鄉新興村新興107號

☎ 089-862-222　2間無障礙房

HOT SPOT 22

六十石山金針花

徜徉在山野間的黃金綠毯

六十石山位於花蓮富里海拔約八百公尺的海岸山脈上，山間有廣達三百公頃的金針田。一片片金針花田，座落在山嶺之間，彷若天然的黃金毛毯。在台灣三大金針花景點當中（六十石山、赤柯山、太麻里），六十石山是最適合輪椅朋友前往的，既能近距離觀賞金針花，也能俯瞰整個花東縱谷。

由黃花亭停車場旁的大馬路一直往上坡行走，沿途都是金針花，至跳舞廣場時，可下到廣場後方（坡度陡，須協助），往左邊小徑前行到鹿蔥亭下方欣賞金針花梯田，再右轉往上前行（坡度陡，須協助），可以俯視整個花東縱谷。

金針花花期 八月中到九月中

交通

須自行開車，或於台鐵「玉里站」、「富里站」，轉搭無障礙計程車

台鐵行經玉里站班次較多，建議搭到玉里站

無障礙廁所

花季期間才有流動式公共無障礙廁所

用餐

黃花亭停車場外有許多路邊美食

雅舍小築

花蓮縣富里鄉竹田村雲閩12號

☎ 03-8821866

金針姑

花蓮縣富里鄉花東公路166號

☎ 0931-106420

就近使用花季期間的流動式無障礙廁所

住宿

建議入住池上附近飯店，請見本書227頁

1. 黃花亭停車場旁的大馬路
2. 金針姑餐廳

HOT SPOT 23

太魯閣

世界級峽谷景觀

太魯閣具有特殊的峽谷地形，每年都吸引無數國內外人士遊覽，近年來的無障礙設施日益充實，有多個景點可以停留。

行經「東西橫貫公路牌坊」，可下來拍照，沿線的太魯閣遊客中心、布洛灣台地、燕子口（須戴安全帽，以策安全），都是無障礙景點。可順路至鄰近的七星潭賞景步道遊覽，沿線二十一公里長的自行車步道，也適合輪椅行走，可看見新月型的海灣，眺望太平洋。

1. 太魯閣遊客中心的無障礙步道
2. 燕子口
3. 七星潭

大眾運輸

台鐵「花蓮站」▶台灣好行「太魯閣線」(部分低地板)

可洽花蓮客運　☎ 03-8322065

台鐵「新城站」▶302「新城火車站-天祥」路線(全線低地板)

可洽太魯閣客運　☎ 0800-827656

無障礙廁所

✓ 太魯閣遊客中心　✓ 布洛灣台地
✓ 燕子口

用餐

山月村

花蓮縣秀林鄉富世村231-1號
☎ 03-8610111
無障礙廁所

晶英酒店

花蓮縣秀林鄉天祥路18號
☎ 03-8691155
無障礙廁所

住宿

太魯閣晶英酒店

花蓮縣秀林鄉天祥路18號
☎ 03-86911552　3間無障礙房

HOT SPOT 24

立川漁場

超好吃又好玩的黃金蜆池

立川漁場是位於花東縱谷的黃金蜆養殖場，椰子樹環抱的廣大蜆仔池，可以讓遊客「摸蜆仔兼洗褲」（抓黃金蜆順道洗褲管）。現炒的黃金蜆超好吃，一定要品嚐。搭乘台灣好行縱谷花蓮縣，可順道遊覽慶修院、鯉魚潭、兆豐農場、花蓮光復糖廠。

1. 慶修院
2. 光復糖廠
3. 五餅二魚餐廳

立川漁場
地址：花蓮縣壽豐鄉魚池 45 號
電話：03-8651333

大眾運輸

台鐵「花蓮站」▶台灣好行「縱谷花蓮線」（全線低地板）
台灣好行的站牌位於花蓮火車站外的旅客服務中心前面
可洽太魯閣客運　☎ 0800-827656

無障礙廁所

✓ 立川漁場　✓ 慶修院
✓ 鯉魚潭　✓ 兆豐農場
✓ 花蓮光復糖廠

用餐

五餅二魚餐廳
- 可使用園區的無障礙廁所
- 在立川漁場裡面
- ☎ 03-8651333
- ★ 有蜆仔風味餐，可單點，也可以點合菜

住宿

光復糖廠
- 花蓮縣光復鄉糖廠街 19 號
- ☎ 03-8704125#200
- 1 間無障礙房

HOT SPOT 25

望龍埤

悠然自在的田園湖畔風光

望龍埤是位於宜蘭員山鄉的翠綠湖泊，環湖步道視野極佳。早先步道是有階梯的，經各方努力，如今已改為無障礙步道。輪椅可以環湖一圈，另外也可繞到九曲橋抵達湖中涼亭，但要注意的是，拱橋坡度較陡，需要協助者在輪椅後方。

1. 望龍埤環湖無障礙步道
2. 九曲橋可通往湖中涼亭，但坡度陡，須要人力協助
3. 輪椅可以到望龍亭

交通

須自行開車或搭乘無障礙計程車

無障礙廁所 ✓ 望龍埤的公共廁所

用餐

望龍埤花田村湖畔咖啡

- 宜蘭縣員山鄉坡城路42號
- ☎ 03-9232785
- 可就近使用望龍埤的公共廁所
- ★ 餐廳門口有台階，需要人力協助，也可以選擇在戶外用餐

宜蘭窯烤山寨村

- 宜蘭縣宜蘭市梅洲二路140號
- ☎ 03-9289933
- 無障礙廁所

住宿

長榮鳳凰酒店（礁溪）

- 宜蘭縣礁溪鄉健康路77號
- ☎ 03-9109988 2間無障礙房

長榮鳳礁溪老爺酒店

- 宜蘭縣礁溪鄉大忠村五峰路69號
- ☎ 03-9886288 2間無障礙房

宜蘭傳藝老爺行旅

- 宜蘭縣五結鄉五濱路二段201號
- ☎ 03-9509188 2間無障礙房

台灣無障礙交通、食、宿參考資訊

交通

捷運

目前台灣有三大捷運系統，包括台北市、高雄市、桃園機場捷運，皆有完善的無障礙設施。

- 每一站都有電梯通往月台。
- 每節車廂與月台皆無高低差，都可以讓輪椅上下車，但請注意車廂與月台間隙，最好使用輪椅後輪進出。
- 由大台北地區搭乘桃園機場捷運的輪椅使用者，建議從北門捷運站轉乘比較方便，第一節與最後一節車廂較為寬敞，可選擇由此進出。
- 可透過「友善台灣好捷運」App查詢每站無障礙設施所在地點。

台灣高鐵

- 座位數：每班列車有四個輪椅座位，兩個固定位置及兩個收折位置，位於第七車廂。
- 訂票須知：無法網路訂票，須到各車站售票櫃台或撥打客服電話訂位，可預訂乘車日前二十八天車票。

- 搭乘須知：高鐵月台與列車之間無高低落差，入站後可自行進入車廂，不必特別知會站務人員。高鐵客服電話：4066-3000

台鐵

- 座位數：車種不同，輪椅座位數會不同，要告知客服所欲搭乘班次，才能確認輪椅數。
- 訂票須知

對號列車：無法網路訂票，須到各車站售票櫃台或撥打客服電話訂位，可預訂乘車日前二週（十四天）車票。

區間車：不需要預先訂票，當天到各站服務台通報買票或是刷悠遊卡、一卡通，即可搭乘。

- 搭乘須知：抵達車站時須到服務台報到，告知站務人員自己上下車的站別及所在車廂，有些車站月台與車廂有落差，站務人員會準備斜坡板，協助上下車。
- 台鐵客服電話：0800-765888

各縣市公車

台灣各縣市有越來越多低地板公車，可至各縣市的「公車動態系統」查詢。

- 搭乘須知：有些路線並不是全線低底地，只有部分班次才是，最好事先打電話與各公車業者確認。

國道及公路客運

客運主要提供跨縣市的巴士服務，近年公路總局積極推動無障礙運輸，目前已有多條路線，可至交通部公路總局網站，查詢無障礙路線。https://goo.gl/zjkuS5

台灣好行

這是專為旅遊設計的公車服務，從台灣各大景點所在地附近的台鐵、高鐵站，接送旅客前往台灣主要觀光景點，路線包含了日月潭、阿里山、花東縱谷、溪頭、北海岸、墾丁、太魯閣等重要景點。

無障礙路線可查閱台灣好行網站，上面會註明哪些路線有低地板公車，不過最好還是打電話確認，較為妥當。https://www.taiwantrip.com.tw/reservation

無障礙計程車

目前台灣的無障礙計程車越來越多了，每台計程車可供一個輪椅座位，各縣市的無障礙計程車資訊，可參考以下網址，也可以向各縣市政府查詢。https://goo.gl/pcDYiF

復康巴士

台灣各縣市都有復康巴士，採預約制，須持有身心障礙手冊，才能向預約單位登錄資料。大台北地區復康巴士數量多，較無限制用途，復康巴士較少的縣市，則以就醫就學和當地民眾優先，其次才是到社會參與。可喜的是，近期屏東推出旅遊復康巴士，預約電話：08-7890608。

- 台灣各縣市復康巴士服務，可查詢 https://goo.gl/eXRyik

台灣的無障礙用餐地點，有哪些選擇？

- 高速公路休息站、購物中心或百貨公司美食街、各地旅客服務中心，依照規定，都需要附設無障礙設施。
- 中大型的餐廳（根據法規，300平方公尺以上（約90坪）的餐飲地點，必須設置無障礙設施）。
- 大型飯店的餐廳，通常都有無障礙設施，也有無障礙廁所，是用餐的好地點，若有過夜住宿的話，不妨選擇於飯店餐廳用餐。
- 友善好餐廳APP

這個APP是由輪椅使用者擔任友善特派員，實際到店家考察，記錄店家的無障礙設施，包含餐廳出入口、動線環境、點字／語音菜單、無障礙電梯／廁所／停車位、無線網路、免費充電，還有現場照片，以及訂位電話等服務資訊。

台灣的無障礙住宿地點，要去哪裡找？

- 友善旅館 https://hotel.ourcitylove.com/

在這裡可以查到台灣哪些飯店與旅館提供無障礙房間以及房間數，並且開放旅館業者登錄自己旅館內符合無障礙法規的「無障礙客房」，適合老人家、親子，以及行動不便朋友入住的「友善客房」。

- 「台灣旅宿網」(https://taiwanstay.net.tw/) 或一般的訂房網輸入無障礙設施條件，可以找到具備無障礙設施或無障礙房的飯店，但記得一定要先電話詢問是否符合自己的需求，比較保險。

台灣的無障礙廁所，要去哪裡找？

- 高速公路休息站、購物中心或百貨公司美食街、各地旅客服務中心，依照規定，都須附設無障礙設施。
- 公家單位依規定，如學校、圖書館、博物館、政府機關、國家公園、國家風景區，都須設置無障礙廁所。